Sven-Uwe Schmitz

Konservativismus

Elemente der Politik

Herausgeber:

Hans-Georg Ehrhart
(Institut für Friedensforschung und Sicherheitspolitik
an der Universität Hamburg, IFSH)

Bernhard Frevel
(Fachhochschule für öffentliche Verwaltung NRW, Münster)

Klaus Schubert
(Institut für Politikwissenschaft, Westfälische Wilhelms-Universität Münster)

Suzanne S. Schüttemeyer
(Institut für Politikwissenschaft, Martin-Luther-Universität Halle-Wittenberg)

Die ELEMENTE DER POLITIK sind eine politikwissenschaftliche Lehrbuchreihe. Ausgewiesene Expertinnen und Experten informieren über wichtige Themen und Grundbegriffe der Politikwissenschaft und stellen sie auf knappem Raum fundiert und verständlich dar. Die einzelnen Titel der ELEMENTE dienen somit Studierenden und Lehrenden der Politikwissenschaft und benachbarter Fächer als Einführung und erste Orientierung zum Gebrauch in Seminaren und Vorlesungen, bieten aber auch politisch Interessierten einen soliden Überblick zum Thema.

Sven-Uwe Schmitz

Konservativismus

Bibliografische Information der Deutschen Nationalbibliothek
Die Deutsche Nationalbibliothek verzeichnet diese Publikation in der Deutschen
Nationalbibliografie; detaillierte bibliografische Daten sind im Internet über
<http://dnb.d-nb.de> abrufbar.

1. Auflage 2009

Alle Rechte vorbehalten
© VS Verlag für Sozialwissenschaften | GWV Fachverlage GmbH, Wiesbaden 2009

Lektorat: Frank Schindler

VS Verlag für Sozialwissenschaften ist Teil der Fachverlagsgruppe
Springer Science+Business Media.
www.vs-verlag.de

Das Werk einschließlich aller seiner Teile ist urheberrechtlich
geschützt. Jede Verwertung außerhalb der engen Grenzen des Urheberrechtsgesetzes ist ohne Zustimmung des Verlags unzulässig und
strafbar. Das gilt insbesondere für Vervielfältigungen, Übersetzungen, Mikroverfilmungen und die Einspeicherung und Verarbeitung in
elektronischen Systemen.

Die Wiedergabe von Gebrauchsnamen, Handelsnamen, Warenbezeichnungen usw. in
diesem Werk berechtigt auch ohne besondere Kennzeichnung nicht zu der Annahme,
dass solche Namen im Sinne der Warenzeichen- und Markenschutz-Gesetzgebung als
frei zu betrachten wären und daher von jedermann benutzt werden dürften.

Umschlaggestaltung: KünkelLopka Medienentwicklung, Heidelberg
Druck und buchbinderische Verarbeitung: Krips b.v., Meppel
Gedruckt auf säurefreiem und chlorfrei gebleichtem Papier
Printed in the Netherlands

ISBN 978-3-531-15303-2

Inhalt

1. **Einleitung: Konservativismus – was ist das?** — 7
   - 1.1. Was ist „Konservativismus"? – sechs Annäherungsversuche — 7
   - 1.2. Welche Ansichten könnten typisch „konservativ" sein? — 11
   - 1.3. Zum Aufbau der Untersuchung — 16
   - 1.4. Literatur — 20

2. **Ideengeschichte vor- und frühkonservativen Denkens bis 1830** — 22
   - 2.1. Vor-Konservativismus als Anti-Absolutismus — 24
   - 2.2. Früh-Konservativismus als Gegen-Aufklärung bis 1789 — 38
   - 2.3. Konservativismus als Anti-Revolutionismus — 44
   - 2.4. Beginn einer „konservativen" Publizistik (1806-1830) — 54
     - 2.4.1 Romantik als „konservative" Bewegung — 55
     - 2.4.2 Liberales contra „konservatives" Wirtschaftsdenken — 57
     - 2.4.3 „Konservative" Bewegung während der Restauration (1815-1830) — 60
   - 2.5. Andere Länder – andere „Konservativismen" — 63
   - 2.6. Literatur — 68

3. **Konservatismus als politische Bewegung in Deutschland (1830-1918)** — 71
   - 3.1. Konservative Publizistik im Vormärz (1830-1847) — 72
   - 3.2. Konservative Vereine, Fraktionen, „Partei"gründung (1848) — 77
   - 3.3. Spaltung des Konservativismus unter Bismarck (1848-1876) — 83
   - 3.4. Geschichte konservativer Parteien (1876-1918) — 93
   - 3.5. Literatur — 104

4.	**Konservative Reaktionen auf deutsche Geschichte (1918-1949)**	**107**
	4. 1. Versuch einer konservativen Sammlungspartei (1918-1933)	108
	4. 2. Widerstand Konservativer gegen Hitler (1933-1944)	117
	4. 3. Parteigründungen unter alliierter Vormundschaft (1945-1949)	126
	4. 4. Literatur	131
5.	**Konservatives in Deutschland nach 1950**	**135**
	5. 1. Konservative Parteien im Nachkriegsdeutschland (1950-1961)	135
	5. 2. Wie konservativ war / ist die CDU? (1950-2007)	139
	5. 3. „Konservatives" jenseits von Parteien	147
	5. 4. Literatur	151
6.	**Konservativismus am Ende?**	**155**
	6. 1. Konservativismus im Zeitraffer	155
	6. 2. Konservative Kerntheoreme	159
	6. 3. Ausblick: Konservative Perspektiven	166

1. Einleitung: Konservativismus – was ist das?

Der Konservativismus gehört neben dem Liberalismus und dem Sozialismus zu den Weltdeutungen, die das politische Denken seit dem 18. Jahrhundert nachhaltig prägen. Die programmatischen Grundlagen der demokratischen Parteien sind bis heute maßgeblich von diesen politischen Grundausrichtungen beeinflusst. Unsere heutige Allgemeinbildung über diese drei Ismen ist aber sehr unterschiedlich: Viele kennen Karl Marx, und von den *„Ideen zu einem Versuch, die Grenzen der Wirksamkeit des Staats zu bestimmen"* des Wilhelm von Humboldt hat der eine oder die andere schon einmal gehört. Notfalls kann man auf die Taschenbuchausgaben zurückgreifen, die immer wieder neu aufgelegt werden. Wer aber weiß mit dem konservativen Wilhelm August Rehberg etwas anzufangen? Alle kennen die FDP und die SPD, die das Liberale oder Freie bzw. das Soziale bereits im Namen führen. Wer aber kann eine Gruppierung aus der deutschen Parteiengeschichte nennen, die das Konservative in ihrem Namen führte? Vom Konservativen wird zwar oft gesprochen, was aber darunter zu verstehen ist, scheint weitestgehend unbekannt (geworden) zu sein.

1.1. Was ist „Konservativismus"? – sechs Annäherungsversuche

Konservativismus – was ist das? Eine wertgebundene Haltung, die vorsichtig an dem Erprobten festhält und deshalb für Stabilität steht? Gründet der Konservative sein Leben auf das, was immer gilt? Haben Konservative die Ewigkeit für sich? Oder handelt es sich um eine rückständige Haltung, die denkfaul an Altmodischem festhält und deshalb für Verknöcherung sorgt? Gründet der Konservative sein Leben auf etwas Zeitgebundenes, das früher oder später seine Gültigkeit verliert? Gilt das Motto: Mit Konservativen braucht man nicht zu debattieren, man lässt sie einfach aussterben? Bei der Beantwortung der Frage, was unter „Konservativismus" zu verstehen sei, ist nur eines unumstritten, dass (beinahe) alles umstritten ist: Bedeutet das Wort „conservare" etwas Bestimmtes oder ist es nichts sagend? Wann hatte der Konservativismus seinen Anfang? Ist der Konservativismus in allen Ländern gleich? Sind bestimmte Schichten, Klassen oder Gruppen per se „konservativ"? Gibt es Personen, die das Konservative idealtypisch vertreten? Lässt sich das Konservative überhaupt inhaltlich bestimmen? Viele Fragen, viele unterschiedliche Antworten. Bevor die Herangehensweise dieses Buches vorgestellt wird, werde ich sechs alternative Annäherungsversuche darstellen und begründen, warum diese nicht klären können, was „Konservativismus" ist.

Ein <u>erster</u> Ansatz versucht, Konservativismus über dessen Wortbedeutung näher zu bestimmen. „Conservare" stammt aus dem Lateinischen und bedeutet so viel wie „bewahren, erhalten, schützen". Vorausgesetzt, dass Geschichte immer auch Veränderung bedeutet, wird es wohl „Konservative" im Sinne von Bewahrern religiöser, sozioökonomischer und/oder politischer Verhältnisse seit Beginn der überlieferten Geschichte gegeben haben. In dieser Verwendung verkommt „konservativ" zu einer Leerformel. Demnach wären nämlich alle herrschenden Gruppen, die an der Macht bleiben wollten, „konservativ" – und welche herrschende Gruppe wollte das nicht? Bisweilen wird der Begriff in diesem Sinne verwendet mit dem Ergebnis, dass praktisch jede politische Position als „konservativ" bezeichnet werden kann: Wandlungsunfähiger Kommunismus, religiöser Fundamentalismus oder jeweils das genaue Gegenteil, je nachdem, wer gerade das Sagen hat, wenn Veränderungen drohen.

Ein <u>zweiter</u> Ansatz versucht, Konservativismus von seinem Ursprung her näher zu bestimmen. Hierbei gehen viele Darstellungen davon aus, dass der Konservativismus als Reaktion auf die Französische Revolution entstanden sei. Wenn diese These zutreffen soll, dürfte vor 1789 noch überhaupt nicht politisch gedacht worden sein. Andernfalls könnten entsprechende Äußerungen auf einem politischen Spektrum verortet und – da es den Begriff in seiner politischen Bedeutung noch nicht gab – im Nachhinein mit Zuschreibungen wie „konservativ" oder „progressiv" belegt werden. Wie noch zu zeigen sein wird, wurde selbstverständlich auch vor 1789 über politische Fragen aufgrund „konservativer" bzw. „progressiver" Standpunkte diskutiert. Eine inhaltliche Bestimmung des Konservativismus durch Festlegung seines Ursprungs gelingt demnach nicht. Bei der Beantwortung der Frage nach dessen Anfang kann zunächst nur festgehalten werden, dass „Konservativismus" offensichtlich zu den Begriffen gehört, die zur Bezeichnung eines Phänomens ausgewählt wurden, das es schon längere Zeit ohne diese Bezeichnung gab.

Wie so häufig in der Politik ist ein Phänomen ebenso umkämpft wie die entsprechende Begriffsbildung. Das führte zu uneinheitlichen Verwendungsweisen von „konservativ" bzw. „Konservativismus", als sie um 1800 zu politischen Begriffen wurden. Im Französischen verwendete man „conservatrice" zunächst in einem pro-revolutionären Sinne: Das durch die Revolution Errungene solle bewahrt werden; Napoleon wurde als „conservateur" der revolutionären Ideen bezeichnet. 1818 wechselte der Begriff allmählich die politische Seite, als antirevolutionäre Royalisten in Frankreich einer Wochenzeitschrift den Namen „*Le Conservateur*" gaben. Erst ab 1830 fand der Begriff nach und nach Verbreitung, wurde nun immer häufiger für ablehnende Stellungnahmen für revolutionäre Ereignisse verwendet und führte zu entsprechenden Parteibezeichnungen. Da waren schon einige Generationen seit dem Beginn des Phänomens vergangen.

Drittens: Läge der Ursprung des Konservativismus in der Reaktion auf die Französische Revolution, dann handelte es sich bei ihm um ein länderübergreifendes Phänomen: Schließlich stand Frankreich unmittelbar nach 1789 alleine „gegen den Rest der Welt". Da der „Konservativismus" aber in den verschiedenen Ländern zu unterschiedlichen Zeiten und unter ungleichen Bedingungen begann, steht nicht einmal fest, ob sich überall etwas entwickelt hat, das gleichermaßen unter „Konservativismus" zu fassen wäre. Weiter unten in Kapitel 2.5. wird ausgeführt, dass sich das politische Denken in Amerika und in Großbritannien jeweils positiv auf landeseigene Revolutionen beziehen. Insofern können die gegenrevolutionären Bewegungen in diesen Ländern, im Vergleich zu den deutschen Staaten nicht unterschiedslos zum „Konservativismus" gerechnet werden, sondern es handelt sich vielmehr um rechtsliberale bzw. traditionalistische Positionen. In Frankreich selbst fiel die gegenrevolutionäre Position klarer aus, allerdings befürwortete sie einseitig das durch die Revolution gestürzte, legitime Königshaus. Insofern ist es angemessener, die gegenrevolutionäre Bewegung in Frankreich als Legitimismus statt als „Konservativismus" zu bezeichnen.

Ein vierter Ansatz versucht, Konservativismus über die Identifizierung typisch „konservativer" Schichten, Klassen oder Gruppen näher zu bestimmen. Demzufolge wären in erster Linie die politisch und ökonomisch privilegierten Kreise, also die herrschende Schicht – der Großgrundbesitz und der landsässige Adel – als „konservativ" zu bezeichnen. Allerdings haben sich auch die Bauern aus Traditionsverbundenheit, die Geistlichkeit gegen aufklärerischen Antiklerikalismus und die Handwerker gegen eine Liberalisierung der Wirtschaft „konservativ" geriert. Der Versuch, „Konservativismus" anhand schwer eingrenzbarer Gruppen näher zu bestimmen, führt demnach zu einem Dilemma: Entweder man setzt „konservativ" mit „privilegiert" gleich, dann wird die Verwendung des Begriffs wieder zu einer Leerformel und damit beliebig. Oder man verwendet „konservativ" nur für bestimmte Kreise in der Vergangenheit. Daraus ergäbe sich, dass Konservatismus als konkrete geschichtliche Erscheinung heute längst tot und begraben ist.

Ein fünfter Ansatz versucht, Konservativismus über die Identifizierung von Einzelpersonen näher zu bestimmen, von denen gesagt werden könnte, sie vertreten diesen idealtypisch. Leider ist auch ein solcher Annäherungsversuch zum Scheitern verurteilt: Bei der Palette der diskutierten politischen Themen haben einzelne Autoren – je nach Frage – einmal progressive, ein anderes Mal konservative Positionen eingenommen. Andere sind von ihrer anfänglichen revolutionären Begeisterung erst allmählich zu konservativen Ordnungsvorstellungen übergegangen. Eine Suche nach idealtypischen Konservativen würde außerdem dadurch erschwert, dass „Konservative" es lange Zeit vermieden, sich selbst als solche zu bezeichnen. In Deutschland beispielsweise formulierten „Konservative" erst 1848 ein politisches Programm, das sie ausdrücklich als „conservativ" charakterisierten. In dieser adjektivischen Verwendung wurde es als Fremdbezeichnung zunächst vermieden. Bei der substantivischen Form ist es genau umgekehrt: Noch heute scheuen sich Konservative, ihre Überzeugungen zu einem Konservativ-Ismus – geschweige denn Konservatismus – zu systematisieren und zu abstrahieren. Konservative scheinen weniger am Theoretischen und eher am Tradierten und Konkreten interessiert zu sein.

Diesem Umstand mag es geschuldet sein, dass noch heute bei vielen Publikationen über „Konservativismus" dessen entschiedene Gegner dominieren. Aus der gegnerischen Perspektive wird „Konservativismus" einseitig als abzulehnende oder zu bekämpfende Position dargestellt. Nicht selten sind hierbei polarisierende Pauschalierungen: „Konservativismus" wird dann abschätzig bestimmt als Gegenbewegung zum Demokratisierungsprozess, als Verhinderung von jeglichen Freiheits- oder Emanzipationsbestrebungen. Es wird das vermeintliche Dilemma, die Strukturkrise oder sogar das Elend des Konservativismus betont. Bisweilen wird er in die rechtsextreme Ecke verbannt, indem man ihn im Zusammenhang mit Faschismus, Nationalsozialismus und

Rechtsextremismus thematisiert. „Konservativismus" wird als ein „Pappkamerad" konstruiert, gegen den man die eigene, nichtkonservative Position als Kontrastfolie siegreich ins Feld führen kann. Um eine umfassende Beschreibung dessen, was tatsächlich unter „Konservativismus" zu verstehen sei, geht es nicht.

Eingedenk dieser Fülle von Schwierigkeiten, „Konservativismus" inhaltlich zu bestimmen, wählt der sechste Ansatz einen anderen Zugang: Das Konservative äußere sich weniger in bestimmten Inhalten als in einer gewissen Haltung: Es gebe eine allgemein menschliche Veranlagung, Unbekanntes zu fürchten und nach einer Umwelt zu verlangen, in der sich alles vorhersehen lasse. Aber auch dieser Annäherungsversuch, „Konservativismus" näher zu bestimmen, entpuppt sich als ungeeignet. Unklar bleibt nämlich das Verhältnis zwischen dem „Traditionalismus" als Veranlagung und dem „Konservativismus" als Auffassung. Dieser Ansatz bleibt die Antwort auf folgende Frage schuldig: Wenn alle Menschen die Veranlagung zum Traditionalismus haben, was ist dann der ausschlaggebende Faktor, der in historischen Situationen einige konservative und andere progressive Auffassungen vertreten lässt?

1. 2. Welche Ansichten könnten typisch „konservativ" sein?

Wenn die Ansätze ungeeignet sind, die den Konservativismus dadurch näher bestimmen wollen, indem sie auf die Wortbedeutung verweisen, ihn anhand bestimmter Gruppen beschreiben oder ihn als Haltung verstehen; und wenn die Ansätze zu ungenau sind, die ihn durch seinen Ursprung definieren, ihn länderübergreifend oder anhand einzelner Personen darstellen wollen, – welche Vorgehensweise bleibt dann noch übrig? Wie sonst lässt sich näher bestimmen, was unter „Konservativismus" zu verstehen ist? Der Ansatz, den das vorliegende Buch verfolgt, geht vorläufig von der Hypothese aus, dass sich bestimmte grundlegende und allgemeine Ansichten im konservativen Denken finden lassen, die konstant oder wenigstens immer wieder von Konservativen vertreten wurden. Anhand der Analyse einzelner als „konservativ" geltender Denker wird die Leserin bzw. der Leser selbst anhand der vorliegenden Darstellung diese Ausgangsthese überprüfen können. Worauf ist hierbei zu achten? Um welche konservativen Kerntheoreme könnte es sich handeln? Auf folgende sechs Themenbereiche gibt jedes politische Denken unweigerlich, direkt oder indirekt, eine Antwort. Konservative vertreten hierbei folgende Thesen, die jeweils von folgenden nicht-konservativen Gegenthesen herausgefordert werden:

A) Ontologie (Lehre vom Sein) / Weltanschauung

- <u>Konservative These</u>: Allem Seienden liegt eine vorgegebene Ordnung zugrunde. Demzufolge kann entschieden werden, wann etwas in Ordnung ist und wann nicht, d.h. allem Seienden ist ein wertgebundener Maßstab immanent. Die Gesellschaft, der Staat, die Politik, der Mensch und die Wirtschaft sind auf diese Ordnung verwiesen, die nicht willkürlich durch Menschen geändert werden kann. Diese Ordnung ist a) religiös oder b) natürlich begründet oder c) historisch im Sinne von bewährt. Im Falle einer historisch begründeten Ordnungsvorstellung wird die Erfahrung der Vorfahren, die Tradition und insbesondere das überlieferte Recht für wertvoll gehalten.
- <u>Nicht-konservative Gegenthese</u>: Die Struktur des materiell Seienden kann beschrieben werden, wie sie ist, ein Sollen lässt sich daraus nicht ableiten. Über die Ordnung, die Menschen ihrem Zusammenleben (zukünftig) geben, können sie frei entscheiden und diese Entscheidung jeder Zeit verändern, um dann eine andere Ordnung – ggf. durch Revolutionen – zu schaffen. Auf der Suche nach Bewertungsmaßstäben menschlichen Zusammenlebens kann nicht auf vorgegebene Werte zurückgegriffen werden. Es können Maßstäbe ausgewiesen werden, die entweder als vernünftig oder als positiv erfahrbar begründet werden wie z.B. Nutzen, Lustgewinn oder materieller Zugewinn.

B) Gesellschaftsbild

- <u>Konservative These</u>: Ausgangspunkt des gesellschaftlichen Denkens ist zwar das Individuum, das aber unhintergehbar als sozial gebundenes bzw. verpflichtetes Mitglied in sozialen Zusammenhängen wie beispielsweise der Familie gedacht wird. Neben Rechten sind dadurch immer auch bestimmte Pflichten vorgegeben. Die Individuen haben sich stets auch an diesen überindividuellen Einheiten zu orientieren.
- <u>Nicht-konservative Gegenthesen</u>: Ausgangspunkt des gesellschaftlichen Denkens ist entweder das ungebundene Individuum,

das ausschließlich universalistische Rechte hat und sich „nur" freiwillig auf Verpflichtungen einlassen kann. Oder ein Kollektiv (Volk, Nation, Klasse, Rasse) ist Ausgangspunkt des gesellschaftlichen Denkens, sodass das Individuum – wenn überhaupt – nur eine untergeordnete Rolle spielt.

- <u>Konservative These</u>: Die Werthaltigkeit der gesellschaftlichen Ordnung spiegelt sich in der Verschiedenheit (z.B. Alter, d.h. Erfahrung; Intelligenz oder andere relevante Begabungen bzw. Fähigkeiten) der einzelnen Menschen bzw. sozialer Gruppen wider, die jeweils ihre besonderen Aufgaben zum Wohle des konkreten organischen Ganzen zu erfüllen haben. Maßstab ist hierbei ein Begriff von Leistungsgerechtigkeit, der jedem das Seine zuspricht (zuteilende Gerechtigkeit).
- <u>Nicht-konservative Gegenthese</u>: In gesellschaftlichen bzw. politischen Sinne spielen die Unterschiede unter den Menschen keine Rolle: Jedes Individuum ist in diesem Sinne gleich. Gerechtigkeit bedeutet demnach, dass jedem das Gleiche zusteht (ausgleichende Gerechtigkeit).
- <u>Konservative These</u>: Freiheit bedeutet nicht Willkürfreiheit oder Ungebundenheit. Freiheit realisiert sich in Bindungen und vergrößert durch diese ihren Spielraum. Das entspricht einem „positiven Freiheitsbegriff": Freiheit *für* etwas.
- <u>Nicht-konservative Gegenthese</u>: Freiheit bedeutet Emanzipation von anderen Menschen, von Institutionen, von Traditionen oder anderen Beschränkungen. Sofern diese durch menschliches Tun beseitigt werden können, soll das getan werden. Das entspricht einem „negativen Freiheitsbegriff": Freiheit *von* etwas.

C) Staatsvorstellung

- <u>Konservative These</u>: Der Staat setzt sich nicht aus Individuen, sondern korporativ aus organischen Personenverbänden zusammen. Den unterschiedlichen Interessen der Individuen sowie der gesellschaftlichen Gruppen ist er vorgelagert. Der Staat hat sich am Wohl des Ganzen zu orientieren. Das und „nur" das ist seine spezifische Aufgabe. Wenn er sich darauf beschränkt und sich von gesellschaftlichen Aufgaben fernhält, steht ihm Autorität zu. Anderenfalls ist Widerstand legitim.
- <u>Nicht-konservative Gegenthesen</u>: Der Staat wird von Individuen geschaffen, damit sie durch dieses Mittel ihre Zwecke erreichen

können. Je nachdem, ob es sich bei diesen Zwecken um leicht erreichbare Ziele handelt oder ob Utopisches realisiert werden soll, werden dem Staat nur enge oder sehr weite Befugnisse zugestanden. Da der Staat keiner vorgegebenen Norm zu entsprechen hat, ist Widerstand ausschließlich eine Frage der Macht.

D) Politikverständnis

- Konservative These: Auch die Politik ist Teil der werthaltigen Weltordnung. Politik ist demnach immer normativ und bildet eine Einheit mit der Rechtstradition bzw. mit der Ethik. In diesem Sinne sollte sich der politisch Tätige stets von diesen vorgegebenen Werten leiten lassen, vor denen sich Politik zu verantworten hat. Die Aufgaben der Politik sind begrenzt und beziehen sich ausschließlich auf das Diesseits, d.h. sie ist „nur" für die vorletzten Dinge zuständig.
- Nicht-konservative Gegenthesen: Politik funktioniert nach eigenen Gesetzen, die wertfrei sind. Maßstab ist die Effektivität von Politik: Sie ist nützlich, wenn ein gewähltes Ziel erreicht wird oder sie ist erfolgreich, weil sie zu mehr Macht führt, um gewählte Ziele zukünftig besser erreichen zu können. Bisweilen soll durch Politik eine Art irdisches Paradies erreicht werden. Der Erreichung dieses letzten Zieles wird dann alles andere untergeordnet.

E) Menschenbild

- Konservative These: Der Mensch ist erstens ein soziales Wesen. Er bedarf der Familie als Empfindungs- und Wirtschaftsgemeinschaft; er wünscht sich eine Heimat. Zweitens: Jeder Mensch ist und bleibt unvollkommen und verfügt stets – neben guten Seiten – auch immer über ein Potential an Fehlbarkeit. Aufgrund seiner Mängel ist der Mensch immer auf die Führung durch überindividuelle Gemeinschaften, Institutionen oder Traditionen angewiesen. Der Mensch ist drittens ein religiöses Wesen insofern, als er niemals ablassen wird, sich zu fragen, woher er kommt und wohin er geht und was der Sinn seines irdischen Lebens ist.
- Nicht-konservative Gegenthesen: Der Mensch wird erstens entweder als atomisiertes Individuum begriffen oder als ein Wesen, das nur noch als ein Teil eines Kollektivs betrachtet wird. Dem Menschen wird zweitens entweder ein prinzipiell grenzenloses

Abbildung 1: Welche Ansichten könnten typisch „konservativ" sein?

	Konservative Thesen	Nicht-konservative Gegenthesen
A	Gegebene, werthaltige Ordnung hat Vorrang, sei sie a) religiös, b) natürlich oder c) historisch als bewährt (Recht, Tradition) begründet.	Das Sein der anorganischen Welt sagt nichts über das Sollen menschlichen Zusammenlebens. Das wird willkürlich gestaltet gemäß Nutzen, Lustgewinn oder materiellen Zugewinn.
B	Ausgangspunkt: Individuum mit überindividuellen Bindungen und Pflichten. Zuteilende Gerechtigkeit: Jedem das Seine. (Positive) Freiheit für etwas.	Ausgangspunkt: Entweder ungebundenes Individuum oder ein Kollektiv. Ausgleichende Gerechtigkeit: Jedem das Gleiche. (Negative) Freiheit von etwas.
C	Organischer Personenverband. Autorität. Gemeinwohlorientierung. Begrenzte Aufgabe.	Mittel zum Zweck. Ziele: bescheiden oder utopisch. Befugnisse je nach Zielvorgabe.
D	Einheit mit Rechtstradition bzw. Ethik, Orientierung an Werten, nur für Vorletztes zuständig.	Entweder wertfrei (Nutzen, Macht) oder, bei utopischer Zielvorgabe, wird der Politik alles untergeordnet.
E	Eigentum wird positiv gesehen. Eigentum verpflichtet. Kein Selbstzweck; Einheit mit Rechtstradition bzw. Ethik. Organisation hat sich an organischen Personenverbänden zu orientieren.	Eigentum wird entweder abgelehnt oder uneingeschränkt befürwortet. Eigengesetzlichkeit oder Vorgabe gesellschaftlicher Ziele. Organisation orientiert sich entweder an Effektivität oder gesellschaftlichen Zielen.

Konfliktpotenzial zugesprochen oder es wird dessen natürliche Güte oder dessen Vervollkommnungsfähigkeit behauptet. Der Mensch gilt drittens entweder als ein areligiöses Wesen oder Religion wird lediglich als Funktion für Individuum, Politik oder Gesellschaft gedacht.

F) Wirtschaftsdenken

- <u>Konservative These</u>: Eigentum sichert das eigene Überleben, garantiert Unabhängigkeit und dient der Entfaltung individueller Möglichkeiten. Wem mehr Eigentum anvertraut ist als anderen, der hat dadurch größere Pflichten. Das Wirtschaften ist kein Selbstzweck, sondern ist ebenfalls eingebunden in die werthaltige Weltordnung. Das Wirtschaften ist wie die Politik gebunden an die Rechtstradition bzw. an die Ethik. Die Organisation des Wirtschaftens sollte Rücksicht auf die organischen Personenverbände nehmen und nicht der Vermassung Vorschub leisten.
- <u>Nicht-konservative Gegenthesen</u>: Persönliches Eigentum wird entweder uneingeschränkt befürwortet oder völlig abgelehnt. Dem Wirtschaften wird entweder eine Eigengesetzlichkeit zugestanden, in die so wenig von außen eingegriffen werden soll als möglich, oder es wird gesellschaftlichen Zielen unterworfen. Die Organisation des Wirtschaftens richtet sich entweder an den besagten gesellschaftlichen Zielen oder ausschließlich nach Gesichtspunkten der Effektivität.

In grober Vereinfachung lassen sich die Thesen des Konservativismus bzw. die Thesen seiner Herausforderer wie in Abbildung 1 stichwortartig zusammenfassen und gegenüberstellen:

1. 3. Zum Aufbau der Untersuchung

Aufgrund der bisher angestellten Vorüberlegungen ergeben sich drei Konsequenzen für den Aufbau der vorliegenden Untersuchung.

<u>Erstens</u>: Aufgrund der These, dass der Konservativismus nicht hinreichend beschrieben ist, wenn man seinen Ursprung in einer länderübergreifenden Reaktion auf die Französische Revolution sieht, konzentriert sich der vorliegende Überblick auf den Konservativismus in Deutschland. Erst nachdem dieser über die von ihm vertretenen

Inhalte bestimmt wurde, kann später, in Kapitel 2.5., danach gefragt werden, ob sich in anderen Ländern vergleichbare Konservativismen entwickelt haben.

Zweitens: Da das Phänomen „Konservativismus" älter ist als der politische Gebrauch des Wortes, muss zunächst unabhängig von der noch fehlenden Selbstbezeichnung gefragt werden, wann er als Phänomen auftauchte und von wem er der Sache nach vertreten wurde. Da die beschriebenen konservativen Kerntheoreme als Orientierung dienen, kann diese Suche systematisch erfolgen. Das gilt auch für Zeiten, in denen der Begriff „konservativ", trotz seines Vorhandenseins, wiederum kaum, gar nicht mehr oder zweifelhaft als Selbstbezeichnung verwendet wurde.

Drittens: Zum einen bliebe ein angemessenes Verständnis von Konservativismus durch Verweise auf den bloß subjektiven Gebrauch des Begriffs „konservativ" oder auf eine traditionalistische Haltung unterbestimmt. Zum anderen eröffnete eine Fremdzuschreibung, welcher Denker bzw. welche soziale Gruppe als „konservativ" zu gelten habe, grundsätzlich die Gefahr der (interessierten) Ungenauigkeit. Deshalb muss, nachdem sich der Begriff „konservativ" als politisch gebrauchtes Wort etabliert hat, beschreibend gefragt werden, wer sich selbst wann und aufgrund welcher Inhalte als „konservativ" bezeichnete.

Im Hinblick auf diese drei Konsequenzen ergibt sich die Kapiteleinteilung der vorliegenden Untersuchung. Kapitel 2 umfasst die Entstehungsphase des Konservativismus bis 1830, als der Begriff „konservativ" in Deutschland noch kein politisch gebrauchtes Wort war. In dieser Phase wurden die ideengeschichtlichen Grundlagen des Konservativismus als Phänomen gelegt. Diese Grundlegung erfolgte in vier Stufen: Der Vor-Konservativismus antwortete auf den Absolutismus als einer Herausforderung von oben; der Frühkonservativismus wurde als Gegenposition zur Aufklärung formuliert; der Konservativismus nach 1789 setzte sich mit den Folgen der Französischen Revolution auseinander. Viertens beschäftigte sich der Konservativismus während der Bewegung der politischen Romantik erstmals eingehender mit dem Thema „Wirtschaft". Während in Kapitel 1.2. lediglich konservative Thesen und nicht-konservative Gegenthesen formuliert wurden, werden die Positionen im Kapitel 2 anhand jeweils eines Denkers im argumentativen Zusammenhang dargestellt. Diese Entstehungsphase des Konservativismus endete schließlich damit, dass er seine ideengeschichtlichen Grundlagen ab den 1790er Jahren mittels der ersten

„konservativen" Zeitschriften einer breiteren Öffentlichkeit vermittelte.

Kapitel 3 widmet sich der Hochphase des Konservativismus zwischen 1830 und 1918. Während dieser Zeit durchlief er die verschiedenen Stationen einer (partei)politischen Bewegung: Erstens gruppierten sich Konservative verstärkt um politische Zeitungen; zweitens trafen 1848 erstmals konservative Abgeordnete zusammen; drittens organisierten sich Konservative auch außerparlamentarisch in Vereinigungen. Zu den ersten Gründungen konservativer Parteien kam es dann ab 1861. Von nun an wurden die Positionen des Konservativismus in Form von Parteiprogrammen und Wahlaufrufen formuliert. Im Vergleich zu den ideengeschichtlichen Grundlagentexten des Konservativismus handelte es sich hierbei „nur" um sehr kurze Gelegenheitsschriften. Die Frage, welche konservativen Kerntheoreme hinter Äußerungen zur politischen Praxis stehen, kann demnach nur indirekt beantwortet werden. Das skeptische Menschenbild des Konservativismus kam beispielsweise darin zum Ausdruck, dass konservative Parteien weder dem Monarchen, geschweige denn dem einfachen Volk großen politischen Einfluss zugestehen wollten. Diese Skepsis äußerte sich z.B. in Fragen der Staatsform, des Wahlrechts oder der Zuständigkeit von Politik überhaupt.

Kaum in Form von Parteien konstituiert, spaltete sich der Konservativismus noch innerhalb seiner Hochphase anlässlich der Politik Otto von Bismarcks in drei Strömungen auf: Die Ultrakonservativen manövrierten sich nach und nach ins politische Abseits. „Nur" die Partei der gemäßigten Freikonservativen einerseits und die Partei der Hochkonservativen andererseits blieben für die Zeit bis 1890 bestimmend. In der Nach-Bismarck-Zeit verloren die konservativen Parteien beinahe kontinuierlich an politischem Einfluss. Entweder stützten sich die Reichskanzler auf breitere Bündnisse unter Einschluss mehrerer Parteien, oder kleine Koalitionen mit Konservativen scheiterten, weil man sich nicht auf eine gemeinsame Politik einigen konnte. Während des Ersten Weltkrieges bildeten sich zwei Parteigruppen heraus: Die Konservativen fanden sich bei der Minderheit wieder, welche einer linken Reichstagsmehrheit gegenüberstand. Als es 1918 zur Revolution in Deutschland kam und die linke Mehrheit die Macht übernahm, verschwanden einflussreiche Parteien, die den Begriff „konservativ" im Namen führten, für immer aus der deutschen Parteigeschichte.

Ab 1918 brach für den Konservativismus eine Phase der Orientierungslosigkeit an. Diese wird in Kapitel 4 geschildert. Die wesentlichen

Ziele des Konservativismus hatten bisher darin bestanden, die halbparlamentarisch verfasste Monarchie vor weiteren Veränderungen zu bewahren. Als 1918 die Monarchie durch eine Republik abgelöst wurde, ging dem Konservativismus dieser Bezugspunkt unwiederbringlich verloren. In Form einer neuen Sammlungspartei verharrten Konservative zunächst in grundsätzlicher Opposition zum neuen System, arbeiteten dann ab 1925 mit und spalteten sich schließlich ab 1928 anlässlich der Streitfrage „Fundamentalopposition oder Regierungsbeteiligung". Versuche der grundsätzlichen Neuorientierung des Konservativismus scheiterten. Auch gegenüber dem Führerstaat Adolf Hitlers und dessen nationalsozialistischer Massenbewegung gab es keine einheitliche Einstellung unter den Konservativen. Ihre Reaktionen reichten vom Überlaufen über das Stillhalten und die Anpassung bis zum Widerstand mit Todesfolge, was den Konservativismus nachhaltig schwächte. Es waren aber schließlich die besonderen Bedingungen im Nachkriegsdeutschland, die das Entstehen einer einflussreichen konservativen Partei verhinderten. Außerhalb der CDU gab es für Konservative kaum mehr eine Alternative.

Die Entwicklung des Konservativismus mündete schließlich ab 1950 in eine Phase der Bedeutungslosigkeit. Auf diese wird in Kapitel 5 eingegangen. In der 1949 gegründeten Bundesrepublik Deutschland blieb die *Deutsche Partei* die einzige Partei, die ab 1952 den Begriff „konservativ" in den Mittelpunkt ihrer Programmatik stellte. Nach deren Spaltung war die CDU ab 1961 zur alternativlosen Erbin der konservativen Wählerklientel geworden. Nachdem diese aber von Anfang ihrer Parteigeschichte an die einseitige Etikettierung als „konservativ" ablehnte und sich stattdessen als Partei der Mitte definierte, tauchte der Begriff nur noch als Teil einer Aufzählung auf: Die CDU sei konservativ, liberal, sozial. Da die CDU es zudem versäumte, näher zu bestimmen, was sie unter „konservativ" verstand, wurde der Begriff im Laufe der Zeit beliebig neu definiert und sogar von der SPD für sich beansprucht. Allmählich wurde der Begriff „konservativ" sowohl parteipolitisch als auch jenseits von Parteien nichts sagend: Autoren, die ihre eigene oder eine fremde Position als „konservativ" kennzeichnen wollten, taten das weitestgehend unabhängig von bestimmten Inhalten aus der Geschichte des Konservativismus.

1.4. Literatur

Als erstes soll auf die Literatur verwiesen werden, die zur Vertiefung des Themas besonders gut geeignet ist. Zu nennen sind hierbei erstens das *„Lexikon des Konservatismus"*, in dem eine Fülle von konservativen Persönlichkeiten, Zeitungen und Theoremen sowie Konservativismen in verschiedenen Ländern vorgestellt werden und jeweils auf weiterführende Literatur hingewiesen wird. Zweitens hat Caspar Schrenck-Notzing für das Münchner Institut für Konservative Bildung und Forschung (IKBF) einen Band herausgegeben, der den Stand der Konservativismusforschung referiert. So gut die Beiträge über Epochen, Länderstudien und Teilaspekte in diesem Band auch sind, so bedauerlich ist es, dass Einiges ausgespart bleibt wie z.B. der deutsche Konservativismus zwischen 1890 und 1918 oder die Entwicklung in Frankreich. Drittens: Die Monographie von Axel Schildt über den Konservativismus in Deutschland ist gut lesbar, umfassend und nach wie vor das Beste, was zu diesem Thema auf dem Markt ist. Hinsichtlich neuerer Literatur sei auf die Monographie von Müller verwiesen.

- **Schrenck-Notzing**, Caspar v. (Hrsg.): Lexikon des Konservatismus. Stuttgart 1996 (Leopold Stocker Verlag).
- **Schrenck-Notzing**, Caspar v. (Hrsg.): Stand und Probleme der Erforschung des Konservatismus. Studien und Texte zur Erforschung des Konservatismus, Bd.1. Berlin 2000 (Duncker & Humblot).
- **Schildt**, Axel: Konservatismus in Deutschland. Von den Anfängen im 18. Jahrhundert bis zur Gegenwart. München 1998 (Beck-Verlag).
- **Müller**, Johann Baptist: Konservatismus – Konturen einer Ordnungsvorstellung. Berlin 2007 (Duncker & Humblot).

Zu dem ersten der sechs Ansätze, die auf ungeeignete Weise den Konservativismus näher zu bestimmen suchen, sei hingewiesen auf den Aufsatz von Vierhaus zum Begriff *„Konservativ. Konservatismus"*. Der Beitrag von Beyme steht für die Deutung des Konservativismus als länderübergreifende Reaktion auf 1789. Im sozialgeschichtlichen Teil seiner Studie lässt Kondylis den Konservativismus mit dem Adel im 16. Jahrhundert entstehen und zu Beginn des 19. Jahrhunderts mit diesem untergehen. Für den Versuch, Konservativismus über das Denken von Einzelpersonen herzuleiten, steht der Band *„Konservative Köpfe"*, eine

Zusammenstellung von 19 Beiträgen aus der konservativen Zweimonatsschrift „Criticón". Klassisch für den Versuch, Konservativismus als traditionalistische Haltung zu erklären, ist der Beitrag von Mannheim.

- **Vierhaus**, Rudolf: Konservativ, Konservatismus. In: Otto Brunner / Werner Conze / Reinhart Koselleck (Hrsg.): Geschichtliche Grundbegriffe. Historisches Lexikon zur politisch-sozialen Sprache in Deutschland. Stuttgart 2004 (Klett-Cotta). Studienausgabe in sieben Bänden. Bd.3, S.531-565.
- **Beyme**, Klaus v.: Konservatismus und extreme Rechte. In: Ders.: Politische Theorien im Zeitalter der Ideologien 1789-1945. Wiesbaden 2002 (Westdeutscher Verlag). S.334-619.
- **Kondylis**, Panajotis: Konservatismus. Geschichtlicher Gehalt und Untergang. Stuttgart 1986 (Klett-Cotta).
- **Schrenck-Notzing**, Caspar v. (Hrsg.): Konservative Köpfe. Von Machiavelli bis Solschenizyn. München 1978 (Criticón Verlag).
- **Mannheim**, Karl: Konservatismus. Ein Beitrag zur Soziologie des Wissens. Hrsgg. v. David Kettler / Volker Meja / Nico Stehr. (1925) Frankfurt/M 1984 (Suhrkamp).

Einen äußerst kritischen Blick auf den Konservativismus werfen die für das Thema einschlägigen Publikationen von Greiffenhagen und Lenk, wobei bisweilen gegenwartspolitische Ziele im Vordergrund zu stehen scheinen. Als ein beliebtes Mittel wird, wie von Grebing und wiederum Lenk, ein Zusammenhang zwischen Rechtsextremismus und Konservativismus behauptet.

- **Greiffenhagen**, Martin: Das Dilemma des Konservatismus in Deutschland (1971). Frankfurt/M 1986 (Suhrkamp Taschenbuchausgabe).
- **Lenk**, Kurt: Deutscher Konservatismus, Frankfurt/M., New York 1989 (Campus Verlag).
- **Grebing**, Helga: Aktuelle Theorien über Faschismus und Konservatismus. Stuttgart 1974 (Kohlhammer Verlag).
- **Lenk**, Kurt: Rechts, wo die Mitte ist. Studien zur Ideologie: Rechtsextremismus, Nationalsozialismus, Konservatismus. Baden-Baden 1994 (Nomos-Verlagsgesellschaft).

2. Ideengeschichte vor- und frühkonservativen Denkens bis 1830

Die Entstehungsphase des Konservativismus dauerte bis ca. 1830. Erst dann erschien der Begriff „konservativ" als ein politisch gebrauchtes Wort in Deutschland. Das Brockhaus-Lexikon bezeugte in seiner Ausgabe von 1833, dass sich die Gegner der Partei der Bewegung „neuerdings Conservative" nennen. Es stellt sich nun die Frage, wie weit muss man in die Geschichte zurückgehen, um zu den Ursprüngen konservativen Denkens zu gelangen? Wenn man sich bei der Suche von der These leiten lässt, es gebe bestimmte konservative Kerntheoreme, so stößt man auf das Konzept der so genannten „societas civilis". Dieses wurde bereits in der Antike entwickelt und bildet eine Art Vor-Konservativismus. Diesen gab es somit schon seit geraumer Zeit, bevor er durch die moderne Souveränitätslehre in Frage gestellt wurde. Der Konservativismus inklusive seiner Vorstufen wurde „nur" jeweils aufs Neue und pointierter formuliert, wenn er von einem nicht-konservativen Denken herausgefordert wurde. Aufgrund des skeptischen Menschenbildes des Konservativismus kann dieser grundsätzlich von zwei unterschiedlichen Seiten her in Frage gestellt werden: Entweder durch eine Herausforderung von oben, wonach ein gütiger Alleinherrscher alle politischen Entscheidungen fällen solle, oder durch eine Herausforderung von unten, wonach das die aufgeklärten Regierten selbst tun sollten.

Tatsächlich kam es im Laufe der Geschichte zu genau diesen beiden grundsätzlichen Auseinandersetzungen: Der Vor-Konservativismus wurde seit dem 16. Jahrhundert durch die moderne Souveränitätslehre des Absolutismus, d.h. „von oben", herausgefordert. Es folgte ab dem 18. Jahrhundert eine Herausforderung „von unten" durch das Prinzip der Volkssouveränität. Um des besseren Überblicks und der leichteren Nachvollziehbarkeit willen, wird im nachfolgenden Kapitel sowohl die Herausforderung als auch die zugespitzte, „konservative" Antwort jeweils anhand „nur" eines einzelnen Denkers dargestellt: In Kapitel 2.1. wird die Position der modernen Souveränitätslehre beispielhaft anhand eines englischen Theoretikers des Absolutismus aus dem 17. Jahrhundert erörtert, Thomas Hobbes. Ihm gegenübergestellt wird das Konzept der „societas civilis" in ihrer ursprünglichen Fassung bei einem Philosophen der griechischen Antike, Aristoteles. Anschließend wird in Kapitel 2.2. auf den Frühkonservativismus von Justus Möser einzugehen sein, der als „der erste deutsche Konservative" gilt. Möser führte im 18. Jahrhundert einen „Zweifrontenkrieg" gegen zwei grundsätzliche Herausforderungen: Gegen den zentralen Bürokratismus von oben und gegen eine Gleichmacherei von unten.

Gegenüber dem Frühkonservativismus eines Justus Mösers verschoben sich die Schwerpunkte durch die Französische Revolution 1789 immer eindeutiger in Richtung der Herausforderung von unten. In Kapitel 2.3. wird das Prinzip der Volkssouveränität beispielhaft anhand eines Anhängers der direkten Republik aus dem 18. Jahrhundert erörtert, dem Schweizer Jean-Jacques Rousseau. Ihm gegenübergestellt wird der anti-revolutionäre „Konservativismus" von Wilhelm August Rehberg, dem zweiten bedeutenden „Konservativen" in Deutschland. Die Neuformulierung und argumentative Zuspitzung des Konzepts der „societas civilis" durch Möser und Rehberg wurde um die Jahrhundertwende vom 18. zum 19. Jahrhundert mittels der ersten politischen Zeitschriften in Deutschland einer breiteren Öffentlichkeit vermittelt. Das Unterkapitel 2.4. zeigt, wie diese publizistischen Bemühungen während der politischen Romantik verstärkt wurden. Das erfolgte als Reaktion auf Napoleon, der mit seinen Feldzügen die revolutionären Ideale auch nach Deutschland „exportiert" und es dadurch nachhaltig verändert hatte. Das Heilige Römische Reich deutscher Nation ging 1806 unter. Deutschland wurde territorial vollkommen umgestaltet, wodurch es zu sozialen und wirtschaftlichen Umwälzungen kam, welche die Grundlagen zum Aufstieg des liberalen Bürgertums in Deutschland legten.

Zu dieser Zeit beschäftigte sich der „Konservativismus" in Deutschland erstmals eingehender mit dem Thema „Wirtschaft". Die entsprechende Herausforderung wird beispielhaft anhand der liberalen Wirtschaftstheorie eines schottischen Aufklärers aus dem 18. Jahrhundert erörtert, Adam Smith. Ihm gegenübergestellt wird das Wirtschaftsdenken des dritten bedeutenden „Konservativen" in Deutschland, Adam Müller. Die Aufklärung und die revolutionären Ideale wurden in Deutschland nach und nach wieder in die Defensive gedrängt. Das war die Folge einerseits der politischen Romantik und andererseits der deutschen Befreiungskriege gegen das revolutionäre Frankreich. Wenngleich das nachnapoleonische Europa nicht einfach in den alten Zustand vor Napoleon und der Revolution zurückversetzt, d.h. restauriert, werden konnte, bemühte man sich um eine möglichst vorrevolutionäre Neuordnung. Das geschah zunächst durch den Wiener Kongress 1815 und wurde dann nochmals verstärkt durch die Karlsbader Beschlüsse von 1819 sowie die Wiener-Schluss-Akte von 1820. Ein Jahrzehnt später endete die Entstehungsphase des Konservativismus in Deutschland. Jetzt, nachdem dessen ideengeschichtliche Grundlagen dargestellt wurden, können schließlich in Kapitel 2.5. Vergleiche zu vermeintlichen Konservatismen in anderen Ländern gezogen werden.

2. 1. Vor-Konservativismus als Anti-Absolutismus

An dieser Stelle sei noch einmal an den zweiten Ansatz aus der Einleitung erinnert, der den Konservativismus durch dessen Ursprung definieren will. Meistens werten Vertreter dieses Ansatzes den Konservativismus als Reaktion auf die Französische Revolution und lassen ihn demnach 1789 beginnen. Bisweilen wird er von Vertretern dieses Ansatzes auch als Gegenbewegung zum Rationalismus der Aufklärung gewertet und dann auf die Zeit nach 1770 datiert. In beiden Fällen wird „Konservativismus" als unselbständiges Phänomen gesehen und mit „Reaktion" bzw. „Restauration" gleich gesetzt. Dieser Ansatz schließt somit aus, dass es konservatives Denken – der Sache, nicht dem Begriff nach – schon früher gegeben haben könnte. Wenn man diese Möglichkeit nicht einfach ungeprüft verwerfen möchte, stellt sich die Frage: Wie weit muss man in die Geschichte zurückgehen, um zu den Ursprüngen konservativen Denkens zu gelangen?

Auf der Suche nach einer solchen Vorstufe zum Konservativismus stößt man auf das Gedankengut der „societas civilis". Dieses wurde aufs Neue und pointierter formuliert, als es von der Souveränitätslehre des modernen Absolutismus in Frage gestellt wurde. Vor dem Hintergrund konfessioneller Bürgerkriege suchte man nach Möglichkeiten der Befriedung: Politik und Religion sollten entkoppelt und dem souveränen Monarchen eine absolute Gewalt zugesprochen werden. Mit „societas civilis" wurde das griechische „politiké koinonia" des Aristoteles ins Lateinische übersetzt. Dieses aristotelische Konzept einer adeligherrschaftlichen, auf unterschiedliche Freiheitsrechte basierenden Lebensform passte nicht nur für die ältere römische Bürgerschaft (civitas), sondern auch für die Adels- und Städtewelt des mittelalterlichen Europa und sogar noch für die frühneuzeitliche Ständegesellschaft. In der europäischen politischen Philosophie bedeutet „societas

Reaktion

wurde während der Renaissance in einem naturwissenschaftlichen Sinne als Gegenwirkung zu einer Aktion verstanden. Nach der Französischen Revolution wurden mit dem Wort im Plural gegenrevolutionäre Bewegungen bezeichnet. Als sich diese Bewegungen nach 1815 zu einer inhaltlich bestimmten Strategie verfestigten, sprach man im Singular von der Reaktion. Je mehr der Glaube an die Notwendigkeit des Geschichtsfortschritts zunahm, desto mehr wurde „Reaktion" insbesondere ab 1840 als Negativbezeichnung für Andersdenkende verwendet. Ab 1848 setzten Liberale „Reaktion" mit Konservativismus gleich.

Restauration

wurde noch 1779 weitestgehend unpolitisch für die Wiederherstellung von Gebäuden und Kunst verwendet. Nach der Französischen Revolution stand der Begriff für die Rückkehr zur natürlichen Ordnung, von der die Revolution abgeirrt sei. Als Restauration im Sinne von Rückkehr zu früheren Verhältnissen immer unwahrscheinlicher wurde, wandelte sich „Restauration" zum historischen Fachbegriff für die abgeschlossene Phase zwischen 1815 und 1830 bzw. wurde ab 1848 synonym mit Reaktion als Bezeichnung für den Konservativismus verwendet.

Rechtsparteien

1789 setzten sich in Frankreich die Royalisten zufällig auf die rechte Seite der Kammer, vom Präsidenten aus gesehen, und verwiesen ihre Gegner auf die linke Seite. Allmählich hielt diese Sitzverteilung Einzug in die politische Sprache: Die Linken waren die Revolutionäre, die für Fortschritt standen; die Rechten waren die Königstreuen, die für die Bewahrung der alten Verhältnisse eintraten. Dieser Logik folgten die Vertreter auch in den Ständeversammlungen und später in Parlamenten anderer Länder: Links saßen die niederen Stände und später die oppositionellen Kräfte; rechts saßen die höheren Stände und später die konservativen Kräfte.

civilis" in dieser graeco-lateinischen Sprachtradition also soviel wie „Bürgervereinigung". Dieses Verständnis bleibt – trotz der absolutistischen Herausforderung – zunächst noch prägend bis etwa zur Mitte des 18. Jahrhunderts. Seit dieser Zeit wurde es von einem bürgerlich-liberalen Bezugssystem zunächst herausgefordert und dann nach und nach abgelöst.

An dieser Stelle lässt sich das erste Mal überprüfen, ob die vermutete Gegenüberstellung von „konservativen" Thesen und nicht-konservativen Gegenthesen aus der Einleitung tatsächlich zutrifft. Wenn das der Fall sein soll, dann müsste der Vertreter der „societas civilis" in seiner Ontologie von einer wertgebundenen Ordnung ausgehen, während der Vertreter des Absolutismus das bestreiten müsste. Beim Gesellschaftsbild ist zu vermuten, dass der Vertreter der „societas civilis" von einem sozial vernetzten Individuum ausgeht, einen Begriff von zuteilender Gerechtigkeit und einen positiven Freiheitsbegriff propagiert, während sein Gegenüber entweder individualistisch oder kollektivistisch argumentiert und einen Begriff von ausgleichender Gerechtigkeit bzw. einen negativen Freiheitsbegriff vertritt. Hinsichtlich der Staatsvorstellung wäre zu erwarten, dass der Vertreter der „societas civilis" ihn als natürliche Gemeinschaft mit Gemeinwohlfunktion definiert, während der Absolutist ihn als künstliche Einrichtung zu einem bestimmten Zweck versteht. Beim Politikverständnis sollte die These von der Einheit der Politik mit Recht bzw. Ethik auf die Gegenthese von der Eigengesetzlichkeit des Politischen stoßen. Und schließlich sollte ein skeptisches Menschenbild entweder auf eine einseitig negative oder auf eine einseitig positive Anthropologie stoßen. Die jeweiligen Argumentationen lauten im Zusammenhang wie folgt:

A1) Die absolutistische Ontologie als Herausforderung von oben

Grund für die Bürgerkriege im England des 17. Jahrhunderts waren unterschiedliche religiöse Überzeugungen: Welcher Lehre, welcher rituellen Handlung soll welcher Wert zugesprochen werden? Da Religion für die Legitimierung und Ausführung politischer Herrschaft seiner Zeit von enormer Bedeutung war, stellte ein religiöser Streit immer auch die Herrschaft derjenigen in Frage, die abweichende Überzeugungen favorisierten. Eine Einigung bei den Inhalten war unwahrscheinlich. Deshalb wollte der englische Gelehrte Thomas Hobbes dadurch Frieden schaffen, dass er alles Werthaltige aus dem politischen Denken ausklammerte: Der Streit über Werte konnte und sollte nicht entschieden, sondern als für die Politik irrelevant ausgewiesen werden. Zu diesem Zweck musste er in vielen Punkten das Gegenteil von dem behaupten, das bisher in der Tradition politischen Denkens als selbstverständlich galt.

So ging Hobbes von der Prämisse aus, dass der Welt keine vorgegebene normative Struktur zugrunde liege – weder eine religiös noch eine traditional begründete. Eine religiöse Fundierung von Normen schied für ihn aus, weil das Reich Jesu nicht von dieser Welt sei und folglich seine obrigkeitlichen Personen keine Autorität von ihm empfingen. Eine Fundierung der Normen qua Tradition schloss Hobbes ebenfalls aus, weil wir aus der Erfahrung nicht ableiten könnten, dass etwas „gerecht" oder „ungerecht", „wahr" oder „falsch" heißen soll. Beide Möglichkeiten der Herleitung von Normen seien zu unsicher und böten nur Anlass zum Streiten. Unbestreitbar könnte nur das sein, was der Mensch selbst macht; denn dann wisse er ja, wozu etwas da ist und wie es funktionieren soll. Das gelte auch für Fragen der Gerechtigkeit. Somit wurde der Mensch zum Schöpfer des Rechts. Von sich aus, d.h. ohne Festlegung des Menschen, sei nichts „gut" oder „böse". Alles sei solange wertneutral bis der Mensch qua Gesetz oder Vertrag festlege, dass etwas als „verboten" bzw. als „erlaubt" angesehen werden soll.

Der Maßstab für die Rechtsschöpfung sind demnach nicht irgendwelche Werte, sondern ausschließlich Nutzenkalküle, worüber jeweils die individuelle Vernunft der Menschen entscheide. Aufgrund solcher zweckrationaler Erwägungen entschlössen sich die Menschen auch zur Einrichtung eines Staates, der über die Einhaltung der Gesetze und Verträge zu wachen habe. Die Respektierung derselben erfolge nicht, weil sie wertvoll seien, sondern weil ihre Einhaltung überwacht werde und Zuwiderhandlungen bestraft würden. Der Mensch wird demnach zum Schöpfer des Staates. Wozu ein Staat da ist und inwiefern er nützlich ist, darüber hätten die Menschen vertraglich entschieden, weshalb es darüber nach den Vorstellungen von Hobbes keinen Streit mehr geben kann. Welche Gesetze gelten und was als Gesetzesverstoß zu werten und wie dieser zu bestrafen sei, obliege ausschließlich dem Gesetzgeber, der – zwecks Vermeidung von Meinungsverschiedenheiten – am besten aus einer einzigen Person bestehen solle.

A2) Die vor-konservative Ontologie der „societas civilis"

Vor Hobbes galt es als selbstverständlich, dass die Welt von Natur aus eine Ordnung besitze. Die Griechen sprachen einfach von „Kosmos", was nichts anderes als „Ordnung" bedeutet. Für Aristoteles war die natürliche Seinsordnung so eingerichtet, dass alles einen bestimmten Zweck (telos) verfolgt, wobei die Natur von allen Möglichkeiten jeweils die beste verwirkliche. Bisweilen stehe dieses Beste am Ende einer natürlichen Entwicklung: Den natürlichen Dingen wohne eine Naturanlage inne, die sie – sofern man nicht widernatürlich eingreift – jeweils zu ihrem vollendeten Wesen (areté) streben lässt. Natürliche Veränderung ist demnach die Verwirklichung (entelechie) des dem Vermögen nach Seienden. Ausgelöst, in die Dinge hineingelegt und aufrecht gehalten wird dieses Streben nach Aristoteles durch ein Erstes Bewegendes, das seinerseits nicht von etwas anderem Bewegung erhält. Dieser unbewegte Beweger, den christliche Aristoteles-Rezipienten später mit „Gott" gleichsetzten, verursache Bewegung in der Art des Erstrebten und setze so immerwährende Bewegung in Gang und (erhalte sie) über einen unendlichen Zeitraum.

Da die Dinge die Quelle ihrer Bewegung unwillkürlich in sich hätten, gehören die Naturwissenschaften für Aristoteles zu den theoretischen oder betrachtenden Wissenschaften, d.h. zu den Wissenschaften, die sich mit dem beschäftigen, was sich nicht anders verhalten kann. Das bedeutet aber auch, dass mit der natürlichen Bewegung auf ein von Natur aus vorgegebenes Ziel hin, das Ziel als das Gute und das Gerechte für den Menschen wahrnehmbar ist. Unmittelbar könne der Mensch das Gute und Gerechte bei sich selbst wahrnehmen: Als Bestandteil der natürlichen Ordnung könne der Mensch kein gelingendes Leben führen, er verfehle seine Vortrefflichkeit (areté) als Mensch, wenn er nicht die dem Menschen eigentümlichen Fähigkeiten (ergon) ausübe. Auch der Mensch habe ein natürliches Streben zu einem natürlichen Ziel in sich; das griechische Wort für Glück, „eudaimonia", heißt übersetzt, von einem guten Geist beseelt zu sein. Darunter verstand Aristoteles ein gelingendes Handeln, das sich im Verlaufe des Lebens eines Menschen stabilisiert. Abweichungen von dem naturgemäßen Streben beeinträchtigten das seelische Wohlbefinden eines Menschen. Der griechische Begriff für „gut leben" (eu zén) umfasst die Bedeutungen „glücklich leben" und zugleich „sittlich gut leben". Entscheidend für das echte Glück sei die Verwirklichung sittlicher Vollkommenheit, während das Gegenteil zum Unglück führe.

B1) Das absolutistische Gesellschaftsbild als Herausforderung von oben

Bei Hobbes wird das Individuum in der Gestalt des Vertragspartners nicht nur zum Schöpfer des Rechts und des Staates, das Individuum ist für ihn auch der kleinste Baustein, aus dem sich eine Gesellschaft zusammensetzt. Menschen müssten so genommen werden, als seien sie – gleichsam wie Pilze – plötzlich aus der Erde hervor gewachsen, ohne dass einer dem anderen verpflichtet wäre. Bei ihrem Streben nach Selbsterhaltung und der Maximierung des eigenen Glücks betrachteten die einzelnen Menschen einander eingedenk der Knappheit der Güter als Konkurrenten. Im vor-staatlichen Naturzustand verlange jeder den Gebrauch der gemeinsamen Dinge für sich alleine, und jeder habe es naturgemäß bei allen seinen freiwilligen Handlungen auf irgendeinen Vorteil für sich abgesehen. Hierin spiegelt sich bei Hobbes der Vorrang des individuellen Rechts vor überindividuellen Pflichten.

Aus dem Recht auf Selbsterhaltung leitet Hobbes ein Recht auf die Mittel ab, die man zur Erreichung dieses Ziels zu benötigen glaubt. Da in der Praxis alles der Selbsterhaltung dienlich sein kann, andere Menschen eingeschlossen, schlussfolgerte Hobbes: Jeder Mensch habe von Natur ein Recht auf alle Dinge, d.h. er dürfe jedem beliebigen Menschen alles antun, was ihm beliebt. Er dürfe alle Dinge, die er erreichen kann und will, besitzen, benutzen und sich ihrer erfreuen. Hierin kommt der Hobbes'sche Freiheitsbegriff zum Ausdruck: Freiheit wird als Willkür verstanden, deren Grenzen „nur" durch die Macht Stärkerer festgelegt wird. Hobbes vertritt demnach das Konzept „negativer Freiheit": Freiheit ist nichts anderes als die Abwesenheit von allem, was die Bewegung hindert. Der freie Mensch bezieht alles und jeden auf sich; er steht mit seinem egozentrischen Ziel im Mittelpunkt seiner Welt, von wo aus er alles andere und jeden anderen als bloßes Mittel taxiert. Hobbes führt sogar den Wunsch des Menschen nach Geselligkeit auf eine egozentrische Motivation zurück: In der Liebe eines Menschen zu einem anderen äußere sich immer entweder die Begierde nach Besitz oder der Wunsch nach Anerkennung.

Die Konkurrenzsituation zwischen den isolierten Individuen verschärft sich noch dadurch, dass Hobbes hinsichtlich deren körperlicher und geistiger Fähigkeiten von ihrer prinzipiellen Gleichheit ausging. Gleichheit wird hierbei als gleiches Gefährdungspotenzial verstanden: So könnten Schwächere Stärkere mit List überwinden. Nach der Staatsgründung bestehe nach einem gegenseitigen Machtverzicht eine künstliche Gleichheit der Untertanen untereinander. Der Herrscher sei aufgrund seines Machtmonopols der einzige Ungleiche. Bei ausdrücklicher Bezugnahme auf die antike Unterscheidung in „ausgleichende" bzw. „zuteilende" Gerechtigkeit entscheidet sich Hobbes für jene: Gerechtigkeit sei eine Art Gleichheit. Demnach wird Gleichheit bzw. Gerechtigkeit universalistisch ausgelegt: Zum Beispiel müsste jeder Mensch jeden Mitmenschen ebenso achten wie er selbst geachtet werden möchte. Dieser Gleichheitsgrundsatz gilt aber nicht nur für den Status des Menschseins, sondern auch für den Status als Bürger: Zum Beispiel müsste jeder Bürger sein Interesse und sein Engagement für den Staat dem Interesse und dem Engagement seiner Mitbürger anpassen.

B2) Das vor-konservative Gesellschaftsbild der „societas civilis"

Für Aristoteles ist der Mensch ein Lebewesen, das von Natur zur Gemeinschaft strebt, ein „Zoon politikon". Hinter diesem Ausdruck verbergen sich drei inhaltliche Bestimmungen: Erstens wurde der Ausdruck von Aristoteles als biologischer Gattungsbegriff verwendet und bezeichnete Herdentiere, welche den Einzelgängern gegenübergestellt werden. Der Mensch wachse eben nicht wie ein Pilz vereinzelt aus dem Boden, sondern wird unhintergehbar als Tochter oder Sohn, d.h. in ein Netz menschlicher Beziehungen hineingeboren, woraus sich unfreiwillige Verpflichtungen ergeben. Zweitens meint „Zoon politikon", dass der Einzelne nicht autark für sich zu leben vermöge, sondern – zumindest für lange Zeit – auf die Unterstützung anderer angewiesen sei, um zu überleben. Drittens meint „Zoon politikon", dass jeder Mensch, weil er Sprache und Vernunft besitze sowie auf eine sittliche Lebensführung angelegt sei, die Anwesenheit anderer Menschen braucht, um Mensch sein zu können. Insofern besitze die politische Gemeinschaft einen Freundschaftscharakter, wenn sie einen hinreichenden äußeren Spielraum für tugendgemäße Handlungen bereitstellt.

Der „hinreichende Spielraum" verweist auf den Freiheitsbegriff des Aristoteles. Für ihn ist Freiheit eine Voraussetzung für sittliches Handeln, d.h. es geht ihm um eine positive Freiheit für etwas, nicht um eine negative Freiheit von etwas. Der Gerechte brauche beispielsweise Menschen, an denen und mit denen er gerecht handeln kann. Freiheit dürfe ausdrücklich nicht als Willkür missverstanden werden, wonach jeder tun könne, was er wolle. Freiheit werde in zwischenmenschlichen Bindungen nicht begrenzt, sondern erweitert. An andere gebunden zu sein und nicht alles tun zu dürfen, was man will, sei nämlich zuträglich; denn die Freiheit, alles tun zu dürfen, was man wolle, könne nicht das Schlechte, das sich in jedem Menschen finde, zügeln. Auch von gleicher Freiheit kann bei Aristoteles nicht die Rede sein, weil für ihn die Menschen hinsichtlich ihrer Sittlichkeit ungleich sind. Nur die Menge behaupte, dass alle Bürger hinsichtlich der Freiheit gleich seien, und erhöbe die Gleichheit der Zahl zum politischen Grundsatz, wonach gerecht sei, was die Mehrzahl billige.

Arithmetische Gleichheit sei nur dann gerecht, wenn sie unter Ebenbürtigen angewendet wird: Nur Gleiches solle gleich, Ungleiches müsse hingegen ungleich behandelt werden. Folglich gebührt nicht jedem das Gleiche, sondern jedem das Seine. Gerechtigkeit wird demnach nicht einfach nur als Gleichheit, sondern als zuteilende Gerechtigkeit verstanden. Ungerecht sei ein Zu-viel-haben-wollen. Die Bürger in einem Staate seien aber gerade nicht alle ebenbürtig, sondern vielmehr verschieden, weshalb die Gerechtigkeit ihre Ungleichbehandlung fordere. Aristoteles verdeutlicht diesen Gedanken mittels einer Metapher: Wäre der Staat z.B. nichts anderes als ein Unternehmen mit dem Ziel einer möglichst großen Gewinnerwirtschaftung, wäre es unlogisch, wenn derjenige, der nur ein Prozent zum Grundkapital beigesteuert habe, demjenigen, der alles übrige gegeben habe, gleichgestellt sei. Denn wollten alle nur Gewinn machen, wäre es das Vernünftigste, wenn alle auf diejenigen hörten, die bisher bereits den höchsten Gewinn erwirtschaftet und sich somit als Experten für das Unternehmensziel ausgewiesen haben. Entsprechendes gelte auch für das wahre Staatsziel, die Tugend. Folglich müssten sich, je nachdem, wie tugendhaft ein konkreter Bürger sei, dessen Einflussmöglichkeiten und Verantwortlichkeiten in einem guten Gemeinwesen ergeben.

C1) Die absolutistische Staatsvorstellung als Herausforderung von oben

Für Hobbes ist der Staat das Produkt eines Vertragsschlusses aufgrund individueller Nutzenerwartungen: Wer Frieden will, entscheide sich – mangels realistischer Alternative – für einen Einzelherrscher, dessen Entscheidungen grundsätzlich nicht in Frage gestellt werden dürfen. Andernfalls kehrte Unfrieden zurück. Grundlage für diese absolutistische Souveränitätslehre ist die Hobbes'sche Vertragslehre, wonach drei Faktoren ihren Eigentümer wechseln: Erstens übertrügen die Vertragspartner im Akt des Vertragsschlusses ihre individuellen Willen auf den Herrscher, so dass dieser zum Stellvertreter eines jeden einzelnen werde. Ein jeder müsse dessen Handlungen von nun an so betrachten, als habe er sie selbst getan. Sich selber aber könne niemand Unrecht zufügen. Zweitens werde das individuelle Recht, sich selbst zu beherrschen, an den Staat abgegeben. Der Mensch, der im vorstaatlichen Naturzustand theoretisch über eine absolute Freiheit verfügte, was in dem „Recht auf alles" zum Ausdruck gekommen ist, verzichte im Vertrag auf diese Freiheit und räume somit dem Staat ein „Recht auf alles" ein, d.h. auch das absolute Recht über sich selbst. Drittens finde durch eine vollkommene Machtübertragung das individuelle Machtstreben der Vertragspartner ein Ende und seinen Ausgang in dem Machtmonopol des Staates. Die vormals gleichen Gefährdungspotenziale der Individuen würden abgelöst von der extremen Ungleichheit zwischen ohnmächtigen Untertanen und allmächtiger Staatsführung.

Der Regent ist nach Hobbes erst dann und nur dann ein Regent, wenn er absolute Macht besitzt. Zwar solle sich die Staatsmacht selbst hinsichtlich des Zwecks ihrer Einrichtung beschränken, doch wer könnte über die Realisierung dieser Selbstbeschränkung wachen? Die drei Möglichkeiten, die Hobbes hierfür nannte, relativiert er zugleich wieder, so dass ihre Wirksamkeit in der Praxis bezweifelt werden muss. Erstens dürfe nur der Regent alleine entscheiden, mit welchen Mitteln das Staatsziel zu erreichen sei. Zweitens: Wer könnte den Staat vor welchem Gericht anklagen, wenn er die Beschränkung missachtet? Gäbe es ein Gericht, das die Macht zur Urteilsvollstreckung gegenüber dem Staat besäße, so wäre dieses Gericht der Oberherr und nicht länger der Regent. Drittens könne der Regent den zweckgebundenen Vertrag der Menschen gar nicht brechen, da er an der Vertragsschließung nicht beteiligt gewesen sei, sondern seine Existenz erst derselben verdankt. Wer glaube, es könnte ein Widerstandsrecht gegen gesetzwidrige Anordnungen der Staatsmacht geben, habe schließlich nicht verstanden, dass der Souverän den Gesetzen, die er selbst erlassen hat, nicht unterworfen sei.

Für Hobbes ist Souveränität wesensnotwendig vollkommen, absolut, unteilbar und der Pflicht enthoben, sich verantworten zu müssen. Eine Beschränkung der Einflusssphäre des Souveräns ergebe sich „nur" durch eine Trennung zwischen der Legalität von Handlungen, über die der Staat zu wachen habe, und der Moralität von Motiven, die den Staat nichts angehe. Denn kein menschliches Gesetz beabsichtige, das Gewissen eines Mannes zu lenken, sondern nur dessen Handlungen. Dadurch werden bei Hobbes Privatsphäre und öffentliche Sphäre, werden Gesellschaft und Staat voneinander getrennt.

C2) Die vor-konservative Staatsvorstellung der „societas civilis"

Für Aristoteles ist die „politiké koinonia" eine Gemeinschaft von Bürgern, die zum Zwecke des guten, d.h. tugendhaften und glücklichen Lebens miteinander vereinigt sind. Damit dieses Ziel erreicht werden könne, müsse die notwendige Bedingung erfüllt sein, dass die an der Regierung teilhabenden Bürger dafür geeignet sind. Wer aber das für den Bürgerstatus notwendige Minimum an Tugendhaftigkeit erreichen wolle, benötige ein gewisses Quantum an Muße, weshalb er von dem persönlichen Erwirtschaften seines Lebensunterhaltes befreit sein müsse. Da bei Aristoteles die politische im Gegensatz zur despotischen Herrschaft als eine Herrschaft von Freien und prinzipiell Gleichen über Freie und prinzipiell Gleiche definiert wird, ging es ihm um eine Staffelung der politischen Einflussmöglichkeiten und Verantwortlichkeiten aller Bürger. Die Frage lautet: Wie kann die Menge der weniger tugendhaften Bürger de facto von der aktiven Machtausübung ferngehalten werden, ohne sie grundsätzlich von der Staatsführung auszuschließen?

Am wichtigsten sei in diesem Zusammenhang, dass man aus den Regierungsämtern keinen Gewinn ziehen könne, sodass die meisten gar nicht regieren wollten. Somit erhöhe sich die Wahrscheinlichkeit, dass die Bewerber für die entscheidenden Regierungsämter folgende, erforderlichen Eigenschaften besäßen: Erstens die Treue zur bestehenden Verfassung, zweitens die notwendige Befähigung in der Ausübung der Amtspflichten und drittens die der jeweiligen Verfassung entsprechende Eignung. Am wichtigsten sei jedoch die Erziehung zur Verfassung; denn auch die nützlichsten und von allen Bürgern einstimmig angenommenen Gesetze seien zwecklos, wenn die Bürger nicht an die Verfassung gewöhnt und in ihr erzogen seien. Für Aristoteles ist das Recht die Ordnung der staatlichen Gemeinschaft. Es sei weder das Recht des Stärkeren noch die Meinung der Mehrheit, sondern von Natur aus bzw. göttliches Recht (themis, diké).

Aufgrund der Verankerung des Rechts in einer gerechten Seinsordnung könne Recht bzw. Gesetz dann und nur dann wirklich Recht bzw. Gesetz sein, wenn es gerecht ist. Gemäß der Rechtsauffassung der „societas civilis" wird Recht überhaupt nicht von Menschen gemacht, sondern Recht ist immer schon vorhanden. Die rechtlichen Bestimmungen *„stammen nicht von heute oder gestern, / Sie leben immer, keiner weiß, seit wann"*, heißt es in der antiken Tragödie „Antigone" des griechischen Dichters Sophokles. Recht sei in der Seinsordnung verankert und folglich ebenso alt wie diese. Das von Menschen gemachte, das positive Recht habe nur die Aufgabe, das höhere Recht anzuwenden oder zu konkretisieren. Entwickelt werde es nicht durch Gesetz-Gebung, sondern durch eine richterliche Auslegung. Gemäß dieser Rechtsauffassung sind auch die Regierenden an das vorgegebene Recht (nomos, ius) gebunden, das sich niemals in der Verfügungsgewalt eines Menschen befindet. Deren Anordnungen oder Gesetze (psephismata, lex) beruhten nicht auf willkürliche Entscheidungen der jeweiligen Regierenden. Diese seien vielmehr an den Rahmen des Rechts gebunden, was ihnen bei dessen Missachtung legitimen Widerstand einbringe.

D1) Das absolutistische Politikverständnis als Herausforderung von oben

Ausgehend von den Prämissen, dass der Welt keine vorgegebene normative Struktur zugrunde liege und Gewissensfragen Privatangelegenheiten seien, ergibt sich für Hobbes die Trennung von Politik und Ethik. Bereits im Naturzustand galt der Nutzen als Maßstab des Rechts. Diese Auffassung setzt sich im Staatszustand fort: Der Politik wird eine – ethikfreie – Eigengesetzlichkeit zugesprochen mit „Nutzen" als Maßstab und „Macht" als bestimmendem Faktor. Eine Vermischung von Politik und Ethik beispielsweise in Form der Behauptung, dass das Urteil über das Gute und Böse jedem einzelnen zustehe, führe nur zum Aufruhr. Diese Irrlehre verkenne den Umstand, dass durch die Staatsgründung jeder in allen Streitfragen sein Urteil in die Hände der herrschenden Gewalt niedergelegt habe. Die Frage, wer der bessere Mensch sei, lasse sich demnach nur vom Standpunkt der Regierung und der Politik aus beantworten. Von nun ab gelte nur noch das, was der Gesetzgeber gebietet, als gut, was er verbietet, als böse. Politik dürfe sich nicht an außerpolitischen Normen orientieren, sondern verfolge ausschließlich innerweltliche Ziele: Das Wohl des Volkes erschöpfe sich aus der Bequemlichkeit des Lebens, der Ruhe im Innern und der Verteidigung nach außen.

D2) Das vor-konservative Politikverständnis der „societas civilis"

Bei Aristoteles kann eine Handlung nicht schon deshalb „sittlich" genannt werden, weil sie rein äußerlich sittlichen Anforderungen genügt. Für ihn gehören eine tugendhafte Einstellung und die Realisierung derselben in Taten zusammen. Deshalb müsse auch immer nach der Motivation des Handelnden gefragt werden, weil die Intention das Charakteristische bei ethischer Trefflichkeit sei. Nur weil es nicht leicht sei, die Motivation zu erkennen, sei man ersatzweise gezwungen, die Qualität eines Menschen nach seinen Werken zu beurteilen. Folglich wird bei Aristoteles nicht zwischen der Legalität von Handlungen und der Moralität von Motiven bzw. zwischen Recht und guter Sitte unterschieden. Das hat zur Folge, dass ebenso wenig eine öffentliche Sphäre als Entfaltungsraum der Legalität von einer privaten Sphäre als Entfaltungsraum der Moralität getrennt wird. Einer politischen Gemeinschaft könne es mit Rücksicht auf ihrer Stabilität nicht egal sein, wenn Mitglieder in einer, der Staatsform unzuträglichen Weise lebten; mag es sich um Gesetzesverstöße oder „nur" um Zuwiderhandlungen gegen die guten Sitten handeln.

E1) Das absolutistische Menschenbild als Herausforderung von oben

Hobbes sieht auch die menschliche Natur nicht auf irgendwelche vorgegebenen, überindividuellen Normen ausgerichtet. Für ihn besteht sie rein empirisch in der Summe der Fähigkeiten und Kräfte der Menschen. Hinsichtlich ihres Konfliktpotenzials beurteilt Hobbes die Menschen pessimistisch: Der Mensch sei dem Menschen ein Wolf. Das gelte in der Konsequenz für alle Menschen, selbst wenn es ihrem Wesen nach mehr friedfertige als wölfische Menschen gäbe. Denn die Friedfertigen unterschieden sich rein äußerlich von den anderen nicht. Folglich müsse ein jeder – auch der Friedfertigste – mit Rücksicht auf sein individuelles Wohlergehen allen mit Misstrauen begegnen, sich vorsehen und Angriffen anderer zuvorkommen. Als Kontrast erwähnte Hobbes einen Staat, der durch einen Hohepriester geleitet wird und in dem die Untertanen sich aufgrund ihrer Gottesliebe an die Gesetze halten, um dann resigniert festzustellen: Gott herrschte da wahrhaft, wo man seinen Gesetzen nicht aus Furcht vor den Menschen, sondern aus Furcht vor ihm selbst gehorcht. Wären die Menschen wirklich so, wie sie sein sollten, so wäre dies die beste Staatsform. Allein für die Menschen, wie sie für Hobbes nun einmal sind, bedürfe es eines absoluten Herrschers, der mit Zwang für die Einhaltung der Gesetze sorgt.

E2) Das vor-konservative Menschenbild der „societas civilis"

Für Aristoteles gibt es die realistische Möglichkeit für den Menschen, ohne Einschränkung nach dem Guten zu streben; vorausgesetzt, er handle vernünftig. Mit „vernünftig" ist bei Aristoteles aber weder eine bloße Zweckrationalität (deinotés) noch eine Gerissenheit oder Verschlagenheit (panourgia) gemeint, sondern eine Klugheit (phronesis), die stets an moralische Vorgaben gebunden ist. Der Mensch handle immer dann unklug, wenn der leidenschaftsbegabte Teil seiner Seele entgegen der Natur bestimmend wird. Je nach Kräfteverteilung der Seelenteile ergebe sich hinsichtlich der Sittlichkeit eine Spannbreite zwischen vollkommenem Gelingen und totalem Versagen: Uneingeschränkt tugendhaft sei der stets besonnene Menschentypus, dessen Empfindungen sich niemals im Gegensatz zur Planung befinden. Der beherrschte Menschentypus empfinde zwar einen Zwiespalt, nur lasse er sich von den Leidenschaften nicht bestimmen. Auf Platz drei der aristotelischen Tugendskala folgt der unbeherrschte Menschentypus, der sich bisweilen von seinen Leidenschaften übermannen lasse. Schließlich gibt es für Aristoteles noch den zuchtlosen Menschentypus, der aus grundsätzlicher Überzeugung seinen Lüsten folge.

In den Stellen, in denen sich Aristoteles darüber äußert, welcher Typus in welcher Häufigkeit unter den Menschen realiter auftritt, wird zumeist nur noch zwischen dem tugendhaften einzelnen und der tendenziell tugendlosen Menge differenziert: Die meisten setzten Glück mit sinnlicher Lust gleich, hätten einen Geltungsdrang, wollten Wohltaten eher empfangen als erweisen und hätten keine Neigung zu einem Leben der Besonnenheit und harten Ausdauer. Öffentlich forderten sie das Gerechte und Edle, tatsächlich verfolgten sie aber nur ihren eigenen Vorteil und seien in Gefahren feige. Hinsichtlich der Extreme „Besonnenheit" und „Zuchtlosigkeit" halte sich die überwiegende Mehrzahl in der Mitte, wenngleich ein Zug zum schlechteren Verhalten

Abbildung 2: Vor-Konservativismus als Anti-Absolutismus

	„societas civilis" (Aristoteles)	Absolutismus (Hobbes)
A	zweckmäßige und auf Vollendung angelegte Natur Welt mit Ordnung (Kosmos) unbewegter Beweger Erkenntnis des Wahren (phronesis)	Werterelativismus Welt ohne vorgegebene normative Struktur individueller Nutzen als Maßstab individuelle Zweckrationalität
B	Zoon politikon: Mensch braucht andere, um Mensch zu sein Menschen sind bzgl. Sittlichkeit ungleich Zuteilende Gerechtigkeit: Gleiches gleich, Ungleiches ungleich behandeln! Freiheit zur sittlichen Entfaltung	Individuen als Vertragspartner Vorrang universalistischer, individueller Rechte Ausgleichende Gerechtigkeit: Gleichverteilung Freiheit von Eingriffen anderer
C	Gemeinschaft von Bürgern Immer währendes Recht geht den gemachten Gesetzen vor	nützliche Einrichtung absolutistische Souveränitätslehre
D	Einheit von Recht / Ethik und Politik	Trennung von Politik / Ethik Eigengesetzlichkeit des Politischen: Macht
E	Mensch ist auf Tugend angelegt, aber Potenzial zur Schlechtigkeit wenig Tugendhafte, die meisten sind hedonistisch	Mensch ist dem Menschen ein Wolf moralische Unterschiede bleiben ohne Konsequenzen

unverkennbar sei. Tugendhafte befänden sich hingegen immer in der Minderheit, weshalb die Tugend stets gefährdet sei.

Tatsächlich haben sich die Hypothesen aus der Einleitung hinsichtlich „konservativer" Thesen und nicht-konservativer Gegenthesen bewährt. Die unterschiedlichen Ansichten über A) Ontologie, B) Gesellschaft, C) Staat, D) Politik und E) Mensch, wie sie vom Vor-Konservativismus einerseits und vom Absolutismus als dessen Herausforderung andererseits vertreten wurden, lassen sich stichwortartig gegenüberstellen, wie es der Tabelle „Abbildung 2" zu entnehmen ist. Noch zwei Mal wird im Folgenden zu überprüfen sein, ob sich die Hypothesen aus der Einleitung bestätigen: Einmal beim Frühkonservativismus des Justus Möser und ein zweites Mal in der Gegenüberstellung der konservativen Thesen eines Wilhelm August Rehberg mit den revolutionären Gegenthesen eines Jean-Jacques Rousseau. Ergänzt werden diese Vergleiche durch die konservativen Thesen des Adam Müller zum Thema „Wirtschaft", mit denen er auf die nicht-konservativen Gegenthesen eines Adam Smith reagierte (vgl. Abbildung 2).

2. 2. Früh-Konservativismus als Gegen-Aufklärung bis 1789

Ausgehend von der These, es gebe konservative Kerntheoreme, wurde das Konzept der „societas civilis" am Beispiel des Aristoteles als Vor-Konservativismus in einem argumentativen Zusammenhang dargestellt. Der Absolutismus seit dem 16. Jahrhundert, wie er beispielhaft von Hobbes formuliert wurde, forderte den Vorkonservativismus erstmals heraus, indem er jeweils die Gegenthese zu dessen wesentlichen Annahmen formulierte. Kernstück dieser Alternative war die Souveränitätslehre zugunsten eines absoluten Monarchen, weshalb hierbei von einer Herausforderung „von oben" gesprochen werden kann. Zu ihr gesellte sich im 18. Jahrhundert eine zweite Herausforderung, diesmal „von unten": Politische Entscheidungen sollten nicht länger das Monopol eines absoluten Monarchen sein, sondern von einem aufgeklärten Volk getroffen werden.

Zwischen dem Vor-Konservativismus à la Aristoteles und dem 18. Jahrhundert liegen drei historische Entwicklungen, die sich wesentlich auch auf den Konservativismus auswirkten: Erstens galt die „societas civilis" mittlerweile als Bestandteil einer christlichen Tradition, die nun von den antiklerikalen Gedanken der Aufklärung herausgefordert wurde. Zweitens näherte sich im Bereich der Wirtschaft die agrarische Epoche ihrem Ende und die Form kapitalistischen Wirtschaftens gewann an Einfluss. Einher ging mit dieser Entwicklung der Aufstieg einer neuen Klasse: Dem Bürgertum. Deren Angehörige als Befürworter dieser Veränderungen wurden als „Radikale", „Progressive" oder als „Partei der Bewegung" bezeichnet. In Deutschland hat es sich hierbei seit 1770 um die Liberalen gehandelt, denen es primär um die bürgerlichen Freiheiten, rechtliche Gleichheit und das wirtschaftliche Prinzip des laissez-faire gegangen ist. Drittens: Da die Oberschicht auch in Deutschland bis 1789 das höfische Leben Frankreichs imitierte, betonten die Liberalen als Reaktion den Gedanken eines deutschen Nationalismus u. a. in Form einer Zentralisierung von Staatsgewalt. Da die deutschen Staaten zu dieser Zeit noch ökonomisch und politisch unterentwickelt waren, widmete sich die deutsche Aufklärung in erster Linie religiösen Fragen. Die zur Verteidigung der orthodoxen Religion von der Regierung ergriffenen Maßnahmen wurden von „konservativen" Pamphletisten unterstützt. Sie waren der Meinung, dass Religion das sicherste Fundament für die politische Sittlichkeit eines Volkes bildet, und dass dieses Fundament als eine objektive, seit alters überlieferte Wahrheit und nicht als eine individuell-subjektive, neu entdeckte Ansicht angesehen werden muss. In Deutschland hat es seiner Zeit nur einen Autor gegeben, der eine umfassende, sich auf alle Bereiche des Lebens erstreckende „konservative" Weltanschauung vertrat: Justus Möser. Insofern gilt dieser als erster deutscher „Konservativer".

A) Die früh-konservative Ontologie Justus Mösers

Möser ging von einem wahren Plan der Natur aus, der durch einen Reichtum der Mannigfaltigkeit gekennzeichnet sei. Die Vernunft habe von diesen vielfältigen Begebenheiten auszugehen, um Erfahrungen zu sammeln, aus denen Lehren gezogen werden könnten. Das Gegenteil zu dieser erfahrungsgesättigten Vernunft sieht Möser in den theoretischen Bemühungen seiner Zeit. Die spekulativen Theoretiker verleugneten die natürliche Mannigfaltigkeit und wollten mittels einer abstrakten Vernunft alles unter wenige Regeln zwingen. Dieses uniformierende Vorgehen gefährde die Freiheit, indem individuelle Besonderheiten unberücksichtigt blieben. Auch die zuteilende Gerechtigkeit, die jedem das Seine zuzusprechen habe, werde dadurch missachtet, was Möser mittels eines Beispiels aus der Sozialpolitik verdeutlichte: Überlasse man es jedem Kirchspiel selbst, seine bedürftigen Einwohner zu versorgen, berücksichtigten die mannigfaltigen Vorkehrungen die wahren Bedürfnisse und Verdienste eines jeden Notleidenden.

Zentralisiere man die Aufgabe in Amts- oder Landesanstalten, werde die individuelle Beurteilung der Fälle unmöglich, wodurch es leichter zu Ungerechtigkeiten komme, was wiederum das Mitleid schwäche.

Justus Möser

wurde am 14. Dezember 1720 in Osnabrück geboren. Nach seinem Studium der Rechte in Jena und Göttingen wurde er 1744 in seiner Geburtsstadt als Advokat zugelassen und arbeitete als Sekretär der Osnabrücker Ritterschaft. Ab 1763 führte er die Regentschaft für den minderjährigen Fürstbischof von Osnabrück, Friedrich Herzog von York. Bereits 1746 hatte Möser begonnen, in unterschiedlichen Wochenblättern Artikel zu veröffentlichen. 1766 gründete er mit den „*Wöchentlichen Osnabrückischen Anzeigen*" eine eigene Zeitschrift, deren Leitung er bis 1782 innehatte. Eine Auswahl seiner journalistischen Beiträge gab Möser unter dem Titel „*Patriotische Phantasien*" in vier Bänden heraus, wovon die ersten beiden 1774, der dritte 1778 und der vierte Band 1786, d.h. alle noch vor der Französischen Revolution erschienen. Justus Möser starb am 8. Januar 1794 in seiner Geburtsstadt Osnabrück, wo er in der Marienkirche beigesetzt wurde.

Der wahre Plan der Natur äußere sich bei den Menschen aufgrund deren Ungleichheiten in einer hierarchischen Ordnung. Diese ist für Möser allerdings keine ewige Ordnung, die Privilegien qua Geburt weitergibt bzw. verweigert. Für ihn veränderte sich die Hierarchie in einer Gemeinschaft, wenn sich die Beiträge ihrer Mitglieder zum Wohle derselben veränderten. Es möge Besitzer von Pfründen geben, die im Laufe der Zeit zu schwach an Jahren, Vernunft, Vermögen, gutem Willen oder Kräften werden, um ihren Beitrag zur Erhaltung und Verteidigung der Gemeinschaft leisten zu können. Sie könnten z. B. im Verteidigungsfalle nicht mehr in der Lage sein, ihre Ausrüstung und ihren Unterhalt zu finanzieren. In diesem Fall würden die ursprünglichen Eigentümer abgeäußert. Denn wer nicht länger die Pflichten erfüllen könne, die stets mit Eigentum – insbesondere von Grund und Boden – verbunden sind, dürfe nicht länger die entsprechenden Rechte für sich beanspruchen. Möser ging demnach von einer funktionalen Hierarchisierung aus, die sich am Prinzip der Leistungsgerechtigkeit orientiert.

B) Das früh-konservative Gesellschaftsbild Justus Mösers

Wiederum nicht Privilegien qua Geburt, sondern die Natur der Sache ist es, weshalb Möser von unterschiedlichen Rechten ausging, je nachdem, ob jemand Eigentum besitzt oder nicht. Gesetzesverstöße von Eigentümern würden ggf. mit dem teilweisen Verlust des Eigentums bestraft, weshalb sich jeder Eigentümer davor hüten werde, die Gesetze zu brechen. Nicht-Eigentümer, z. B. freie Pachtbauern, könnten bei Gesetzesverstößen weiterziehen, ohne sich dadurch wesentlich schlechter zu stellen. Entsprechendes gelte für die politischen Teilhaberechte: Angenommen, man gebe Nicht-Eigentümern gleichen Sitz und Stimme in der Versammlung und lasse die Mehrheit entscheiden. Bei Entscheidungen zum Nachteil der Gemeinschaft hätten sie im Vergleich zu den Eigentümern kaum etwas zu verlieren. Im ungünstigsten Fall zögen sie weiter und ließen die Eigentümer zurück, damit diese alleine die negativen Folgen falscher Entscheidungen ertragen. Außerdem bestehe die Gefahr, dass sich die Masse der Nicht-Eigentümer von einem, der sich zum Despoten erhebt, gegen die Eigentümer instrumentalisieren ließen.

Die verminderten Rechte für Nicht-Eigentümer korrespondierten mit eingeschränkten Pflichten: Von einem Pachtbauern dürfe beispielsweise nie gefordert werden, dass er zur Verteidigung des Staates sein Leben opfere. Eine Gleichheit an Rechte und Pflichten ergebe sich „nur" aus einer christlichen Perspektive, die den Menschen als Menschen nimmt. Betrachte man hingegen die Menschen als Mitglieder einer Gemeinschaft, wären gleiche Rechte ungerecht, wenn der eine der Gemeinschaft mehr nutzt und mehr zu ihr beiträgt als ein anderer. Möser benutzte dieselbe Metapher wie Aristoteles, um diesen Gedanken zu verdeutlichen: Man müsse sich die bürgerliche Gesellschaft als eine Aktiengesellschaft vorstellen, von der jeder Bürger Aktien mit unterschiedlichen Werten besitze. Es wäre ungerecht, die ungleichen Aktienbesitzer gleich zu behandeln. Die Gerechtigkeit verlange Ungleiches ungleich zu behandeln: Besondere Dienste für die Gemeinschaft sollten mit Privilegien, d.h. der Befreiung von allgemeinen Lasten, honoriert werden. Wer mehr bürgerliche Ehren erlangen wolle, müsse mehr bürgerliche Pflichten übernehmen. Umgekehrt müsse ausgeschlossen werden, dass jemand Rechte genießt, ohne die dazugehörenden Pflichten zu erfüllen, weil dies nur zu Lasten der Gemeinschaft möglich sei.

Die Forderung nach gleichen Rechten führte zu Lebzeiten Mösers dazu, dass immer mehr politische Aufgaben verlagert wurden: Es sollten nicht länger die Eigentümer auf ihrem Grund und Boden z.B. hinsichtlich der Rechtsprechung zuständig sein, wodurch Ungleichheiten möglich waren. Zukünftig sollte eine zentralisierte Bürokratie nach allgemeinen Regeln für mehr Gleichheit sorgen. Möser kritisierte, dass dadurch öffentliche Dienste mit Steuergeldern bezahlt werden müssten, die vorher noch unentgeltlich um der Ehre willen geleistet worden seien. Der erhöhte Steuerbedarf gehe einseitig zu Lasten der Eigentümer. Entsprechendes gelte für das Rechtswesen, wenn auch hier die Gleichheit vor dem Gesetz gelten solle. Wenn dieselben Sanktionen für Eigentümer und Nicht-Eigentümer gelten sollten, könne nicht länger durch Verlust an Eigentum bzw. Landesverweis bestraft werden, sondern die Strafandrohung müsse sich gegen Leib und Leben richten. Dies führe einerseits zu einer erhöhten Grausamkeit der Strafen; andererseits müssten mit Steuergeldern Zuchthäuser gebaut und unterhalten werden. Beides, der Verlust an Privilegien und der Mehrbedarf an Steuern, reduzierten die Freiheitsräume.

C) Die früh-konservative Staatsvorstellung Justus Mösers

Möser lehnte die zentralisierte Bürokratie des aufgeklärten Absolutismus ab. Mit Rücksicht auf die Freiheit und das Eigentum der Bürger sollte der Staat nur das absolut Notwendige regeln. Alle anderen öffentlichen Aufgaben ließen sich dezentral wahrnehmen. Möser befürwortete das Feudalsystem, bei dem das Verhältnis zwischen Dienstherrn und dienendem Manne durch Treue gekennzeichnet sei. Der Gutsherr schonte, schützte und vertrat seine Leibeigenen zu ihrem beiderseitigen gemeinschaftlichen Besten. In Städten könnten Innungen, Gesellschaften oder Bruderschaften Entsprechendes leisten. Nach Auflösung dieser Treueverhältnisse beschränke sich das Interesse der Beteiligten auf ökonomische Transaktionen. Würde man das Feudalsystem grundsätzlich beibehalten, könnten die wenigen staatlichen Aufgaben von einer Versammlung sachverständiger Männer wahrgenommen werden. Die Einflussnahme des Volkes lehnte Möser ab, da es unsachverständig und intolerant sei. Aber auch die Regentschaft eines absoluten Monarchen wies er zurück, da alle Menschen irren könnten, was sich im Falle einer konzentrierten Machtbefugnis verheerend auswirke.

D) Das früh-konservative Politikverständnis Justus Mösers

Den Zusammenhang zwischen religiösem Glauben und der erfolgreichen Ausübung staatsbürgerlicher Pflichten thematisierte Möser in einer Reihe von Aufsätzen, die er zwischen 1787 und 1794 in der „Berlinischen Monatsschrift" unter dem Titel „Über die allgemeine Toleranz" veröffentlichte. Der Mensch sei primär ein Geschöpf der Tradition, der Gewohnheit und des Herkommens; ein Geschöpf, das aus dem Gefühl und aus dem Glauben lebe. Um die Ordnung und moralische Disziplin zu wahren, benötigten die Massen religiöse Gebote, die auf Offenbarung und nicht auf Argumenten beruhten. Folglich habe die jeweilige Regierung das Recht, zwischen erlaubten und unerlaubten Glaubensansichten zu unterscheiden. Möser erinnerte an frühere Zeiten, in denen das althergebrachte Recht zur Orientierung ausgereicht habe; geschriebene Gesetze seien von den Vorfahren nicht geduldet worden. Wer alles nach einem einheitlichen Modell auf Grundlage der wahren Vernunft einrichten wolle, betreibe „Sozialphysik". Dieser setzte er das Studium der Geschichte entgegen, um die Ursprünge bestehender Einrichtungen besser zu verstehen.

E) Das früh-konservative Menschenbild Justus Mösers

Möser vertrat ein skeptisches Menschenbild. Der Mensch sei zwar zur Gesellschaft bestimmt, doch ergebe sich ein harmonisches Zusammenleben nicht von selbst. Jeder habe von sich selbst nur die beste Meinung und nehme diese zum Maßstab, um das für sich zu fordern, was ihm seines Erachtens zukomme. Umgekehrt kämpfe jeder aus allen Kräften gegen das, was seine Ansprüche nicht hinreichend berücksichtige. Tendenziell verlange dadurch jeder stets mehr für sich und könne davon nicht genug bekommen. Die Vernunft alleine reiche nicht aus, um das Mehr-haben-wollen der Menschen zu zügeln. Dazu bedürfe es einerseits die Leidenschaft der Liebe, um die Summe der angenehmen Tugenden zu vermehren. Andererseits helfe das Ehrgefühl, wahrhaft menschlich zu handeln. Diese Triebfeder zum Guten werde durch das Gleichheitsstreben mittels einheitlicher Regelungen gefährdet: Wenn alles mit Befehlen und Strafen, Lehren und Predigten erzwungen werde, bleibe kein Raum mehr für eine freiwillige Tat, zu der man sich „nur" innerlich verpflichtet fühlt, um sich selbst oder einem anderen gerecht zu werden.

Abbildung 3: Früh-Konservativismus als Gegen-Aufklärung bis 1789

	Justus Möser als Frühkonservativer
A) Ontologie	Plan der Natur: Mannigfaltigkeit statt Uniformität; Erfahrung gesättigte Vernunft; Funktionale Hierarchisierung gemäß einer Leistungsgerechtigkeit
B) Gesellschaftsbild	mehr Einfluss für Eigentümer wegen weit reichender Konsequenzen für sie bei Fehlentscheidungen als Menschen gleich, als Bürger ungleich (Ehre, Beitrag zum Staat) Zuteilende Gerechtigkeit: Gleiches gleich, Ungleiches ungleich behandeln! Freiheit zu etwas (Privilegien)
C) Staatsvorstellung	Staat soll nur das Notwendige regeln Rest als gesellschaftliche Aufgaben dezentral regeln Für eine Versammlung Sachverständiger; gegen eine Volksherrschaft und gegen absolute Monarchie.
D) Politikverständnis	moralische Disziplin aufgrund von Glaube, Tradition und althergebrachtes Recht ist politikrelevant
E) Menschenbild	zur Gesellschaft bestimmt positive Neigungen (Ehre, Liebe) und negative Neigungen (Selbstüberschätzung, Mehr-haben-wollen)

2. 3. Konservativismus als Anti-Revolutionismus

Justus Möser führte zwischen 1770 und 1789 einen „Zweifrontenkrieg": Aus konservativer Perspektive argumentierte er bereits gegen die Herausforderung von unten, die sich ihm insbesondere als Gleichheitsstreben darstellte. Gleichzeitig musste er aber noch auf die Herausforderung von oben regieren, die in Gestalt des zentralen Bürokratismus auftrat. Mit der Französischen Revolution 1789 gewann die Herausforderung von unten zunehmend an Bedeutung. In der Auseinandersetzung mit ihr spalteten sich erstmals politische Strömungen auf, die holzschnittartig wie folgt unterschieden werden können: Während die Liberalen nur die erste, die reformerische Phase der Französischen Revolution bis 1792 begrüßten, bejahte der entstehende Sozialismus auch die zweite Phase trotz der Schreckensherrschaft, während die Konservativen die Revolution von Anfang an ablehnten. Liberale und sozialistische Radikaldemokraten nahmen 1789 zum Anlass, um eine konstitutionelle bzw. ökonomische Theorie bürgerlicher Staats- und Gesellschaftsprinzipien zu formulieren. Konservative sahen in der Revolution einen historischen Kontinuitätsbruch, dessen anarchistische Konsequenzen die herkunftslegitimierten Ordnungsmuster zerstörten.

Rousseau als revolutionäre Herausforderung von unten

Diese Reaktionen entwickelten sich bei einzelnen Autoren allerdings erst nach und nach. Nicht jeder, der die Französische Revolution begrüßte, war und blieb ein Radikaldemokrat oder Liberaler; nicht jeder, der die Ereignisse in Frankreich insbesondere nach 1792 kritisierte, war und blieb ein Konservativer. Wer den Konservativismus als Reaktion auf „1789" beschreiben will, ist gezwungen, genauer hinzusehen: Auf welche Aspekte reagierte man mit welchen Gründen kritisch bzw. ablehnend? Im Vergleich zur Herausforderung von oben ähneln sich die revolutionären Ansichten über die Ontologie, das Gesellschaftsbild und das Politikverständnis, weshalb auf eine erneute Behandlung verzichtet werden kann. Das gilt umso mehr, weil die „Konservativen" selbst ausdrücklich referierten, wogegen sie jeweils ihre Gegenthesen entwickelten. Wesentlich verändert haben sich jedoch die Argumente bezüglich des Menschenbildes und der Staatsvorstellung. Die Menschen galten nicht länger als böse, sondern als gut. Demzufolge müssten sie nicht durch einen absoluten Herrscher gezügelt werden, sondern könnten und sollten sich selbst regieren. Wegen des besseren Überblicks und um der leichteren Nachvollziehbarkeit willen beschränke ich mich erneut auf die Ausführungen eines einzelnen Denkers als Vertreter revolutionärer Argumentation: Auf Jean-Jacques Rousseau.

E) Revolutionäres Menschenbild als Herausforderung von unten

Rousseaus Menschenbild ist nicht statisch. Der Mensch habe sich vielmehr im Laufe der Zeit wesentlich verändert. Rousseau unterschied hierbei drei Phasen: Ursprünglich hätten die Menschen vereinzelt als „Wilde" gelebt; in einer Übergangsphase bildeten die Menschen als „Barbaren" vorübergehende Zweckgemeinschaften; schließlich hätten sich dauerhaftere Formen des Zusammenlebens ergeben und die Barbaren entwickelten sich zu Kulturmenschen. In der ersten Phase habe der wilde Naturmensch als Einzelwesen gelebt ohne Sprache und ohne Bedürfnis nach menschlicher Gemeinschaft. Die natürlichen Menschen seien sich selbst alles gewesen und sie hätten sich von der Natur das genommen, was sie brauchten, um ihre physischen Bedürfnisse zu befriedigen. Erst äußere Umstände wie Sintfluten, Vulkanausbrüche, Erdbeben und Feuerbrünste hätten dazu geführt, dass die vereinzelt lebenden Naturmenschen ihre einfachsten Bedürfnisse nicht länger problemlos befriedigen konnten.

Die „Wilden" rotteten sich vorübergehend zu Zweckgemeinschaften zusammen, um trotz der Naturkatastrophen ihre physische Existenz zu sichern. Das gemeinsame Vorgehen sei aber so erfolgreich gewesen, dass das Ziel des reinen Überlebens übererfüllt worden sei: Der Mensch machte erstmals die Erfahrung eines bequemeren Lebens z.B. in Form von festen Unterkünften. Der Mensch wollte die neuen Annehmlichkeiten nicht mehr missen und konnte deshalb von den Zusammenkünften mit seinesgleichen nicht mehr lassen. Die „Wilden" seien zu „Barbaren" geworden: Erst in dieser zweiten Phase habe der Mensch Sprache und soziale Gefühle wie z.B. Mitleid entwickelt. Rousseau nannte diese Entwicklungsstufe das „Goldene Zeitalter": Die Bedürfnisse waren noch bescheiden, gegenüber sich selbst empfanden die einzelnen noch eine unschuldige Selbstliebe (l`amour de soi-même), allen anderen begegneten sie mit Liebe oder empfanden zumindest Mitleid. Es habe der Satz gegolten: Der Mensch ist von Natur aus gut. Dass es dabei nicht bleiben konnte, lag an der Ambivalenz dieser Entwicklung; die dritte Phase war von Anfang an unvermeidlich.

Im Bemühen, sich der Liebe bzw. Freundschaft seiner Mitbarbaren zu versichern, hätten die Menschen begonnen, einander als Rivalen zu sehen und sich untereinander zu vergleichen. Wetteifer, Rivalität und Eifersucht führten zu Entzweiungen, Feindseligkeit und Hass. Die unschuldige Selbstliebe entartete zur Eigenliebe (l`amour propre) als ein Streben, mehr als andere sein zu wollen. Die Menschen versuchten auch dadurch einander zu übertrumpfen, indem sie mehr Eigentum anhäuften. Mit dem Streben nach Ungleichheit habe eine unendliche Spirale künstlicher Bedürfnisse eingesetzt. Die Menschen spalteten sich in Reiche und Arme, in Mächtige und Schwache. War der Mensch von Natur aus gut, müsse man den Kulturmenschen an diesem Punkt der Entwicklung als böse bezeichnen. Diese dritte Phase schildert Rousseau mit ganz ähnlichen Worten, wie Hobbes seine Konzeption vom Krieg eines jeden gegen jeden vortrug. Auch Rousseau spricht jetzt von einem Stande des Krieges und davon, dass sich die Menschen wie ausgehungerte Menschen verhielten.

C) Revolutionäre Staatsvorstellung als Herausforderung von unten

Da für Rousseau – im Unterschied zu Hobbes – der Mensch eigentlich gut ist, ergibt sich eine fundamental andere Staatsauffassung. Der Staat solle sich nicht damit begnügen, das Konfliktpotenzial unter den bösen Kulturmenschen zwangsweise zu befrieden. Es müsse vielmehr eine Staatsform gefunden werden, in der die Menschen nicht mehr böse sind. Eine einfache Rückkehr zu den guten Wilden bzw. Barbaren sei hierbei ausgeschlossen, wenn die Menschen weiter in Gesellschaft leben sollen. Stattdessen müsse der dritten eine vierte Phase folgen, in der die bösen Kulturmenschen in gute Staatsbürger verwandelt werden. Das Ziel müsse es hierbei sein, die Individualität aller Menschen aufzulösen und sie zu Teilen eines größeren Ganzen werden zu lassen. Aufgrund der natürlichen Freiheit und Gleichheit der Menschen könne ein solcher Gemeinschaftszustand nur durch einen einstimmigen Vertrag zustande kommen. Inhaltlich ließen sich die Bestimmungen des Vertrages sämtlich auf eine einzige zurückführen, nämlich die Entäußerung jedes Mitglieds mit allen seinen Rechten an das Gemeinwesen als Ganzes.

Im Unterschied zu Hobbes soll das Gemeinwesen bei Rousseau aber nicht von den Entscheidungen eines absoluten Monarchen regiert werden. Zwar spricht auch Rousseau von einer unumschränkten Gewalt, jedoch liege diese beim Volk und müsse deshalb stets von allen Bürgern gemeinsam ausgeübt werden. Zentral ist für Rousseau hierbei der so genannte Gemeinwille (volonté générale). Ein einzelner Mensch, der ausschließlich sein eigenes Wohl im Blick hat, verfolgt seinen persönlichen Willen. Analog hierzu sei der Gemeinwille zunächst nichts anderes als das, was mehrere Menschen wollten, wenn sie an das Wohl der Gemeinschaft dächten, die sie zusammen bilden. Sie hätten deshalb nur einen einzigen Willen, weil selbstverständlich mit der individuellen Existenz auch der persönliche Wille verschwunden sei. Der Teil sei nichts und kann auch kein abweichendes Interesse mehr haben, das Ganze sei alles. Folglich sei das Gruppeninteresse der Gemeinschaft immer offenbar, und man brauche nur gesunden Menschenverstand, um es wahrzunehmen. Rousseau betonte, dass jeder verständige und gerechte Mensch, also auch z.B. ein Feldarbeiter, zur Gesetzgebung fähig sei.

Damit die Meinungsbildung über den Gemeinwillen unverfälscht stattfinden könne, dürfe es keine Teilgesellschaften, d.h. keine organisierten Sonderinteressen geben. Der Gemeinwille, der von allen ausgeht und sich auf alle beziehe, sei immer alles, was er sein solle, weil niemand gegen sich selbst ungerecht sein könne. Komme es zu unterschiedlichen Voten, gebe die Mehrheit den Ausschlag. Durch das Befolgen ihrer Entscheidung werde die Minderheit davor bewahrt, ihren Sonderwillen durchzusetzen, der in Wahrheit ihrem eigenen Interesse widerspreche. Notfalls dürfe eine uneinsichtige Minderheit gezwungen werden, was nichts anderes heiße, als dass man sie zwinge, frei zu sein. Dieser Zwang könne durch verschiedene Mittel ausgeübt werden, wobei am erfolgversprechendsten der funktionale Einsatz von Religion sei. Rousseau befürwortet eine „Religion des Bürgers", welche eine Gesinnung des Miteinanders schaffen soll, ohne die niemand ein guter Bürger sein könne. Inhalte dieser Zivilreligion seien die Existenz der allmächtigen, allwissenden, wohltätigen, vorhersehenden und sorgenden Gottheit, das zukünftige Leben, das Glück der Gerechten und die Bestrafung der Bösen sowie die Heiligkeit des Gesellschaftsvertrages und der Gesetze.

Wilhelm August Rehberg als Anti-Revolutionär

Für den Zeitraum zwischen 1790 bis 1810 lassen sich ca. 800 konservative Revolutionskritiken bibliographisch ermitteln. Was die Vorkommensquantität angeht, ist hier die Pamphletliteratur bestimmend. Es entstanden die ersten offen konservative Journale: 1792 die „Wiener

Zeitschrift", 1795 die „*Eudämonia. Journal für Freunde von Wahrheit und Recht*". Die wenigen grundsätzlicheren Ausführungen kamen aus dem Kurfürstentum Hannover, das in Personalunion mit Großbritannien regiert wurde. Hier waren die äußeren Umstände günstig für die Entwicklung „konservativen" Denkens: Die ständige Abwesenheit des Landesherrn hatte die Entwicklung des persönlichen Absolutismus verhindert; das Ständewesen war im Wesentlichen intakt geblieben. Geistiger Mittelpunkt des Kurfürstentums war die 1737 gegründete Universität Göttingen, wo nicht länger die Theologie, sondern das Studium der Rechte und der Staatswissenschaften eine Vorrangstellung genoss. In diesem Umfeld wurden „konservative" Schriften – außer von dem Schriftsteller Ernst Brandes (1758-1810) – von Wilhelm August Rehberg verfasst.

Wilhelm August Rehberg

wurde 1757 im Kurfürstentum Hannover als Sohn des Sekretärs der Stände zu Calenberg geboren. Seine Studien an der Universität Göttingen schloss er 1779 mit dem Examen ab. 1783 wurde er zunächst Sekretär des Herzogs von York, des Bischofs von Osnabrück, dann ab 1786 Sekretär des hannoverischen Geheimen Ratskollegiums. In dieser Zeit wurde ihm Justus Möser zum väterlichen Mentor. 1789 wurde er von der „*Jenaischen Allgemeinen Litteratur-Zeitung*" gebeten, die Flut von Büchern über die Revolution in Frankreich zu rezensieren. Eine Auswahl erschien 1793 zweibändig als „*Untersuchungen über die französische Revolution*". Seine Tätigkeit als Publizist vertauschte Rehberg zwischen 1814 bis 1825 wieder mit einer Stellung in der Exekutive: Er wurde Geheimer Kabinettsrat und arbeitete direkt unter Graf Münster, der dominierenden Gestalt in der hannoverischen Regierung. Rehberg starb 1836.

A) Die konservative Ontologie Rehbergs

Rehberg widersprach der These, das Recht und der Staat entstünden qua Vertrag aufgrund zweckrationaler Erwägungen. Für ihn konnte die Verfasstheit einer politischen Gemeinschaft nur traditional bestimmt und legitimiert sein, weil sie nicht nur die Bedürfnisse einer Generation zu berücksichtigen habe, sondern diejenigen einer unabsehbaren Reihe von Geschlechtern. Denn jede Generation lege den Grund zu dem, was die folgende tun werde, und die spätere könne nur auf das bauen, was die vorhergehenden getan hätten. Insofern sei jede Generation nicht nur ihrem eigenen, gegenwärtigen Willen unterworfen, sondern auch den eingegangenen Bestimmungen der Vorfahren und den Verpflichtungen für die Nachfahren. Ob die Einrichtung einer Gemeinschaft angemessen ist, entscheide sich folglich nach der Dauer ihres Bestehens, in der sie sich bewährt hatte und ggf. den sich verändernden Umständen angepasst worden sei. Zu diesen Umständen einer Gemeinschaft gehörten ihre Volksmenge, ihre Lage, ihre Beschäftigungen und ihre Bedürfnisse. Das bestimme für jeden konkreten Einzelfall die geeignete Regierungsform und nicht eine spekulative Denkungsart, die nach abstrakten Grundsätzen alles gleich behandle.

B) Das konservative Gesellschaftsbild Rehbergs

Rehberg ging davon aus, dass die Menschen sich hinsichtlich ihrer Klugheitspotenziale so sehr unterschieden, dass sie nicht alle stets nur ihren eigenen Vernunfteinsichten folgen könnten bzw. gleichermaßen zur Staatsführung befähigt seien. Insbesondere die Schriften Rousseaus hätten diesen Irrglauben an die Gleichheit der Menschen aber so sehr befördert, dass es zum Umsturz des französischen Staates gekommen sei. Da die meisten Menschen jedoch in Wirklichkeit nicht dazu in der Lage seien, sich eigenständig ein kluges Urteil zu bilden, orientierten sie sich an Demagogen, die sich häufig als die verdorbensten Führer entpuppten. Diese Tendenz zum uneingeschränkten Despotismus werde noch dadurch verstärkt, wenn man die Menschen als Individuen betrachte: Freiheit werde missverstanden als Unabhängigkeit jedes einzelnen Menschen von allen anderen. Das führe zu einem sehr groben Egoismus und Hedonismus. Die sozialen Verpflichtungen der Menschen untereinander und gegenüber der Gemeinschaft als Ganzem würden verschwiegen. Dadurch könne ein gerissener Verführer allen alles versprechen, indem er die realen Begrenzungen verschweige.

C) Die konservative Staatsvorstellung Rehbergs

Das Volk besitzt nach Rehberg über die einzelnen Teile der Gesetzgebung keine abgewogene Meinung, weil es zum einen deren Gegenstände meistenteils gar nicht einzusehen vermöge und zum anderen auch nicht bereit sei, sich den Mühen einer kontinuierlichen Gesetzgebung, Verwaltung und Rechtsprechung zu unterziehen. Da der Einfluss des einzelnen bei einer Massenherrschaft nur sehr gering sein könne, würden außerdem viele schon bald wieder das Interesse an ihren Mitwirkungsmöglichkeiten verlieren. Dennoch seien insbesondere die untersten Klassen leicht für das Prinzip der Volkssouveränität zu gewinnen, weil sie sich geschmeichelt fühlten. Wenn die Volkssouveränität aber über dem Gesetz stehe, neige der „rohe Haufen" zu Gewalttätigkeiten ohne jede Rücksichtnahme. Der Fortgang der Französischen Revolution habe das bewiesen: Die wohlmeinendsten Revolutionäre wollten zwar Ordnung herstellen und den Wohlstand der ganzen Nation mehren, tatsächlich unterdrückten aber die Anführer der Volkspartei vermittels des Pöbels nur die höheren Stände und hätten sich an deren Eigentum vergriffen.

Obgleich auch für Rehberg, wie schon für Möser, alle Menschen als Menschen vor Gott gleich sind, unterschied auch er zwischen Menschen und Bürgern, sofern von politischen Verhältnissen die Rede ist. Da die großen Triebfedern der Verwaltung öffentlicher Angelegenheiten das Gefühl der Pflicht und das Ehrgefühl seien, kämen hierfür nur die Eigentümer des Landes bzw. die Steuerzahler in Frage. Hierzu gehörten nur diejenigen, die genug Land in vollem Eigentum besäßen, damit ihr zurückbleibendes Hausgesinde sie und die ihren ernähren könnten, während sie militärische oder andere öffentliche Aufgaben wahrnähmen. Nur ein so verstandener Adel sei berechtigt, in Versammlungen der Nation Entschlüsse über „Gut und Blut" zu treffen. Im Unterschied zu Aristoteles möchte Rehberg das einfache Volk nicht einmal bei der Wahl von Deputierten und Magistratspersonen beteiligt wissen. Denn erstens könne „der große Haufen von Menschen" leicht von skrupellosen Demagogen durch die elendsten Mittel gewonnen werden. Und zweitens würden auch die edelsten Charaktere kaum ihrer Führungsverantwortung gerecht werden, wenn sie sich um die unsichere Gunst des „großen Haufens" bemühen müssten.

D) Das konservative Politikverständnis Rehbergs

Rehberg kritisierte die revolutionäre Auffassung, dass alle Vorstellungen von Recht und Pflicht bloße Erdichtung bzw. Menschenwerk seien. Ein großer Teil der revolutionären Schriftsteller sei einem System von Atheismus, Materialismus und moralischem Egoismus ergeben, welches alle Sittlichkeit gänzlich vernichte und den Eigennutz als die einzige Quelle der Moralität darstelle. Die Gesetze der Moralität seien aber das Gesetz Gottes. Und wenn nur von den Rechten des Bürgers gesprochen werde und nicht auch von dessen Pflichten, propagiere man nicht freie Bürger, sondern nur rücksichtslose Gewalthaber. In den alten Republiken sei die Gesellschaft zusammengehalten worden durch ein gemeinsames Band der Religion, der Sitten und der Erziehung. Ein solches Band kenne das System der Französischen Revolution, das einzig und allein auf die unabhängige Freiheit der Individuen abziele, nicht.

E) Das konservative Menschenbild Rehbergs

Rehberg widersprach auch der Behauptung „menschenfreundlicher Schwärmer", der gemeinste Menschenverstand reiche aus, um die Staatswissenschaft einzusehen, die Verfassung und Staatsverwaltung des Vaterlandes und aller Nationen zu beurteilen. Um bei politischen Fragen zu einem abgewogenen Urteil zu kommen, bedürfe es Sittlichkeit und Vernunft, die nicht auf Zweckrationalität reduziert werden dürfe. Für jeden Menschen, für jede Gesellschaft von Menschen und insbesondere wenn Menschen in Massen aufträten, gelte jedoch der Grundsatz: Die Vernunft sei Leidenschaften und Irrtümern unterworfen. Klugheit und Sittlichkeit seien aber bei den meisten Menschen höchst eingeschränkt. Ihnen gehe es häufig nur darum, alles abzuschütteln, was ihnen einige Zurückhaltung auflegen würde. Sie ließen sich sogar bei großen Angelegenheiten mehr von ihren Leidenschaften als von der Überlegung leiten. Eingedenk dieser Prämissen formulierte Rehberg die rhetorische Frage: Und ihnen soll es zustehen, alles zu überstimmen, was angesehen, reich, mächtig und einsichtsvoll ist?

Abbildung 4: Konservatismus als Anti-Revolutionismus

	Wilhelm August Rehberg	Gegenposition zu Rehberg
A	Verfassung steht im Strom der Vor- und Nachfahren; Bewährtes mit Modifikationen bürgt für das Gute; individuelle Umstände beachten!	Recht und Staat qua Vertrag und aufgrund von Zweckrationalität; spekulative Denkungsart; abstrakte Grundsätze; allgemeine Lösungen
B	Menschen sind ungleich bzgl. ihrer Klugheitspotenziale; soziale Verpflichtungen; Verpflichtung gegenüber Gemeinschaft	Menschen sind gleich vernunftbegabt; tatsächlich Flucht in den Gehorsam; Freiheit als Unabhängigkeit von anderen; Egoismus, Hedonismus
C	Volk zur Gesetzgebung ungeeignet (unwissend, unstet, unengagiert); Recht geht vor Volkssouveränität; Unterdrückung von Eigentümern durch Masse der Nicht-Eigentümer; Wahlen ermöglichen Demagogie und Populismus	**Rousseau:** Menschen zu Bürgern machen, dann ist jedermann zur Gesetzgebung fähig; Volk hat unumschränkte Gewalt; Zwang zur Freiheit im Namen des Gemeinwillens erlaubt; funktionaler Einsatz von Religion
D	Gesetze der Moral = Gesetze Gottes; gemeinsames Band der Religion, Sitten und Erziehung begründet Pflichten	Gesetze sind Menschenwerk: Zivilreligion; persönliches Interesse und Gemeinwille sind deckungsgleich
E	Urteile sollten mittels Vernunft und Sittlichkeit gebildet werden; Alle Menschen sind irrtumsanfällig; Menge folgt eher Leidenschaften als Überlegung; lehnten Beschränkungen ab	**Rousseau:** Mensch ist von Natur aus gut; Zweckrationalität und Selbstgefühl der Menschen sind formbar; Einzelwesen, ohne Soziabilität; natürliche Gleichheit und Freiheit im Sinne von Unabhängigkeit

2. 4. Beginn einer „konservativen" Publizistik (1806-1830)

In den politischen Zeitschriften mag es Rehberg und anderen „konservativen" Autoren noch gelungen sein, der revolutionären Herausforderung mit „konservativen" Argumenten zu begegnen und die Auseinandersetzung offen zu gestalten. In der politischen Praxis gelang das nicht. Im revolutionären Frankreich war mittlerweile Napoleon an die Macht gekommen und mit seinen Feldzügen in Europa wurden auch die Ideen der Französischen Revolution exportiert. Die adeligen Armeen in Europa erfuhren durch das französische Massen-Heer eine ganz eigene, eine militärische Herausforderung „von unten". Solange Napoleon siegte, blieb immer weniger übrig, was „Konservative" des Bewahrens für würdig hielten: Die Siege des revolutionären Frankreichs beendeten 1806 das Heilige Römische Reich deutscher Nation, das auf eine beinahe tausendjährige Tradition zurückblicken konnte. Deutschland wurde territorial vollkommen umgestaltet: U. a. wurden die Reichsstände aufgelöst und die geistlichen Staaten säkularisiert. Diese Umschichtung der Besitz- und Vermögensverhältnisse kam einer sozialen und wirtschaftlichen Revolution gleich, womit die Grundlage für den Aufstieg des liberalen Bürgertums in Deutschland gelegt wurde.

Im Süden und Westen Deutschlands bildeten 16 Staaten unter der Schutzherrschaft Napoleons einen Rheinbund. Hier sollten auf deutschem Boden die Staatsform und die Gesellschaftsverfassung nach französischem Vorbild durchgesetzt werden. Ziele waren die Aufhebung aller Privilegien, die Herstellung staatsbürgerlicher Gleichheit, die Schaffung einer klaren Gerichtsorganisation und die Einführung eines im *„Code Napoléon"* niedergelegten einheitlichen Rechts. Auch im Nordosten Deutschlands, in Preußen, begann man nach der Niederlage gegen Frankreich mit politischen und gesellschaftlichen Veränderungen. Die preußischen Staatskanzler Karl Reichsfreiherr vom und zum Stein (1757-1831) und Karl August Freiherr von Hardenberg (1750-1822) führten die nach ihnen benannten Stein-Hardenbergschen Reformen durch: Es wurden die Bauern aus der Leibeigenschaft entlassen, in der Staatsverwaltung Fachministerien und die kommunale Selbstverwaltung eingeführt. Für mehr Gleichheit sorgten die Einführung der allgemeinen Wehrpflicht, die Öffnung der Offizierslaufbahn auch für Nicht-Adelige und die Reformen in der Volkserziehung.

2.4.1 Romantik als „konservative" Bewegung

Gegen die Veränderungen in Deutschland formierten sich allmählich zwei „konservative" Bewegungen: Der „Historismus" betonte die spezifische deutsche Tradition, der man nicht einfach das französische Modell überstülpen dürfe. Die Bewegung der Romantik wollte ganz allgemein jede weitere Fortwirkung revolutionären Geistes unterbunden wissen. Ihre Vertreter führten die Auseinandersetzung in Zeitschriften, sodass der „Konservativismus" in der deutschen Romantik allmählich die Form einer publizistischen Bewegung annahm. Ihr Anfang lag in Jena, wo sich u. a. Friedrich Schlegel und Friedrich von Hardenberg alias Novalis zusammenfanden und bereits 1798 die Zeitschrift „Athenäum" gegründet wurde. Zunächst war die Romantik „nur" eine Kunstrichtung. Erst als sich Schlegel und Novalis auch mit Fragen der Gesellschaft und des Staates beschäftigten, weitete sie sich zu einer politischen Bewegung. Die frühromantische Schule von Jena existierte nur wenige Jahre und wurde von neuen Kreisen abgelöst: In Heidelberg entstand beispielsweise ein romantischer Kreis, an dem neben Joseph Görres auch Joseph von Eichendorff als junger Student teilnahm.

Romantik als politische Bewegung:

Dem Erdachten bzw. Künstlichen wurde das natürlich Gewachsene bzw. das organisch Gewordene gegenübergestellt; den universalistischen Idealen die Geschichte der einzelnen Völker.

Jena:

Schlegel (1772-1829), Literaturkritiker und Philosoph. Nach anfänglicher Sympathie für die Französische Revolution befasste er sich aus einer „konservativ-romantischen" Perspektive ab 1797 in seinen „*Romantischen Fragmenten*" bzw. ab 1804 in seinen „*Philosophischen Vorlesungen*" mit Themen wie Staat, Politik und Ökonomie oder Ehe, Familie und Gesellschaft.

Novalis (1772-1801), Dichter und Philosoph. Die politisch einflussreichsten Schriften von Novalis sind „*Glauben und Liebe oder Der König und die Königin*" von 1798 bzw. sein 1799 gehaltener Vortrag „*Die Christenheit und Europa*".

> **Heidelberg:**
>
> **Görres** (1776-1848), katholischer Publizist. Anfangs von der Französischen Revolution begeistert, desillusionierte ihn ein Parisbesuch zur Jahreswende 1799/1800. Er hielt zwischen 1806 und 1808 Vorlesungen an der Universität Heidelberg. In „*Teutschland und die Revolution*" (1819) wandte er sich gegen Revolution und gegen Reaktion.
>
> **Eichendorff** (1781-1854), Dichter und Literaturhistoriker. Er hörte 1807/08 in Heidelberg bei Görres und 1811/12 bei Schlegel in Wien. In den 1830er Jahren schrieb er Arbeiten zur Kritik der Säkularisation von 1803 und zur aktuellen preußischen Verfassungsfrage.
>
> **Wien:**
>
> **Baader** (1765-1841), Philosoph und theologischer Schriftsteller. Zunächst als Bergingenieur tätig, lehrte er ab 1826 Religions- und Sozialphilosophie an der Universität München. Seine „*Schriften zur Gesellschaftsphilosophie*" sind aus einer „sozialkonservativen" Perspektive geschrieben.
>
> **Gentz** (1764-1832), Publizist und Diplomat. Er wandelte sich von einem anfänglichen Befürworter der Französischen Revolution zum Mitarbeiter Metternichs und Vordenker der Karlsbader Beschlüsse (siehe unten). Er übersetzte und kommentierte Burkes „*Reflections on the Revolution in France*" (siehe unten).

Noch einflussreicher wurde ein romantischer Kreis in Dresden um Adam Müller. Dieser wurde zur zentralen Figur der deutschen Romantik. Wo Müller hinging, da verlagerte auch die Romantik ihr Zentrum hin. Ab 1809 bildete sich in Berlin aus einzelnen Kreisen eine Bewegung heraus, die sich zu Gesellschaften wie der „*christlich-germanischen Tischgesellschaft*" zusammenfand und Zeitschriften wie die „*Berliner Abendblätter*" herausbrachte. Ab 1811 bildete sich in Wien um Müller ein letzter Romantikerkreis mit Friedrich Schlegel, Franz von Baader und Friedrich Gentz. Nach dem Sieg über die revolutionären Truppen Napoleons erschienen eine Reihe konservativer Zeitungen: Joseph Görres gab ab 1814 in Koblenz den „*Rheinischen Merkur*" heraus, Adam Müller in Leipzig die „*Deutschen Staatsanzeigen*" (1816-1818) und Friedrich Schlegel die „*Concordia*" (1820-1823). Dadurch begann im kulturellen Leben Deutschlands die Bewegung der Romantik allmählich den Rationalismus der Aufklärung in die Defensive zu drängen: Man fand wieder Gefallen am Rätselhaften, der Glaube an die Transparenz und Kalkulierbarkeit der Welt war schwächer geworden. Man begann daran zu zweifeln, dass der Fortschritt immer das Bessere bringt. Warum sollte man sich über die Erfahrungen, die Weisheit und das Gedächtnis der Vergangenheit hinwegsetzen?

Adam Müller

wurde am 30. Juni 1779 als Sohn eines preußischen Finanzbeamten in Berlin geboren. Von 1798 bis 1801 studierte er in Göttingen Staatswissenschaften. Nach nur kurzer Tätigkeit als Referendar im preußischen Staatsdienst ging er 1803 als Hauslehrer ins polnische Südpreußen auf das Gut eines Studienfreundes. Mit der Familie seines Zöglings übersiedelte Müller 1805 nach Dresden. Hier übernahm er den staatswissenschaftlichen Unterricht des Prinzen Bernhard von Sachsen-Weimar. Seine in der Dresdner Gesellschaft gehaltene Vorlesungsreihe wurde 1809 in Berlin unter dem Titel „Elemente der Staatskunst" herausgegeben. Nach Berlin hatte Müller fliehen müssen, weil er während der kurzzeitigen Besetzung Dresdens durch die Österreicher diese unterstützt hatte. Mit einem Auftrag des Reichskanzlers Hardenberg weilte Müller zwischen 1811 und 1813 in Wien, wo die beabsichtigte Gründung einer katholisch-romantischen Eliteschule scheiterte. Weitere Stationen seiner Wanderschaft führten Müller nach Südtirol, als Kriegsberichterstatter nach Frankreich und ab 1815 als österreichischer Generalkonsul nach Leipzig. Ab 1825 wurde er Hofrat in der Wiener Staatskanzlei. Müller starb am 17. Januar 1829 in Wien.

2.4.2 *Liberales contra „konservatives" Wirtschaftsdenken*

Ein Thema, mit dem sich die Romantiker erstmals verstärkt aus „konservativer" Perspektive beschäftigen mussten, war die Ökonomie. Der schottische Aufklärer Adam Smith hatte 1776 mit seinem Buch „Der Wohlstand der Nationen" eine liberale Wirtschaftstheorie entworfen. Hierin reflektierte er zum einen die zunehmende Bedeutung industrieller Produktion, wodurch die bisher herausragende Position der Landwirtschaft relativiert wurde. Zum anderen betonte Smith die Eigengesetzlichkeit des Ökonomischen: Der Staat sei gut beraten, die Wirtschaft sich selbst zu überlassen, damit auf einem freien Markt über Angebot und Nachfrage gerechte Preise erzielt werden könnten. Eine Begrenzung des Marktes aufgrund nationaler Interessen, durch Hörigkeiten auf dem Land oder Zunftordnungen in der Stadt war mit dieser Wirtschaftstheorie unvereinbar. Hiergegen argumentierten die Romantiker an: Franz Baader z.B. verteidigte die Zünfte bzw. kritisierte 1802 das „so genannte Freiheits- oder passive Staatswirtschaftssystem". Adam Müller entwarf ein feudal-hierarchisches Wirtschaftsdenken und stellte auch die Staatswirtschaft auf eine theologische Grundlage.

F) Liberales Wirtschaftsordnung als Herausforderung von unten

Für Smith strebt jeder einzelne Mensch ununterbrochen und fortwährend nach der Verbesserung seiner individuellen Lebensbedingungen. Hierbei bediene er sich des Handels und des Tausches, wobei er stets nur sein individuelles Interesse, seinen eigenen Vorteil im Auge habe. Dieser Egozentrismus wird für Smith deshalb nicht zum Problem, weil seiner Meinung nach eine „unsichtbare Hand" das individuelle Vorteilsdenken in das Allgemeinwohl aufgehen lasse: Obgleich jeder nur an sich denkt, trage er unbewusst zum Erreichen des Allgemeinwohls bei. Das funktioniere umso besser, je freier und umfassender der Wettbewerb sei. Eine weitere Voraussetzung bestehe darin, dass möglichst alle produktiv tätig seien. Produktiv sei nur diejenige Arbeit, die den Wert eines Gegenstandes erhöhe. Unproduktiv seien demnach die Tätigkeiten von Dienstleistern, Künstlern, Geistlichen, aber auch Herrschern, Justizbeamten oder Armeeangehörigen. Diese Personengruppen könnten nur überleben, indem sie auf Kosten anderer lebten, vergleichbar mit denjenigen, die überhaupt nichts tun.

F) Das konservative Wirtschaftsdenken Adam Müllers

Müllers Kritik am Wirtschaftsdenken von Adam Smith setzte an dessen Menschenbild an. Für Müller strebt der Mensch nicht einseitig nach Besitz, der nur ihm zugute kommt; der Mensch als soziales Wesen wolle besitzen, um desto hingebender und freier zu dienen, zu arbeiten und zu sein. Jeder Einzelne produziere nicht ausschließlich in seinem eigenen Interesse, sondern für die Gesellschaft, die wiederum Leistungen für den einzelnen Bürger bereitstelle. Die Gesellschaft gründe nicht auf das Eigeninteresse seiner Individuen, sondern auf Wechselverhältnis und Gegenseitigkeit. Außerdem habe Smith das Streben des Menschen auf physisches Wohlsein und reine Plusmacherei reduziert. Tatsächlich solle der Mensch nach „geistiger Wohlhabenheit" streben, wozu aber auch Religion und Gemeinwohl gehörten. Daran die Menschen immer wieder zu erinnern, sei die erste und wesentliche Pflicht des Staatsmannes, weshalb seine Aufgaben nicht als „unproduktiv" verleumdet werden dürften. Wer glaube, auf die Gemeinwohlorientierung verzichten zu können, weil die freie Konkurrenz alles reguliere, ermögliche nur Umstände zum Vorteil des Mächtigen und Reichen. Der wahre Reichtum eines Staates dürfe aber nicht einseitig materialistisch bestimmt werden; nur der Staat sei wahrhaft reich, in dem „das Interesse an dem Gemeinwesen lebhaft jede Brust erfüllt".

Auch international sei der freie Markt kein Selbstzweck. Die Freiheit und Offenheit des Verkehrs stellt Müller zwar nicht grundsätzlich in Frage, doch könne es ebenso gut Situationen geben, in denen das „gesamte ökonomische Gemeingeschäft" eines Nationalstaates verlangt, vorübergehend den Warenverkehr zu beschränken, um „die lebendige Schließung des Handelsstaates" zu erreichen. Die Lehre von Adam Smith sei schließlich auch deshalb zu kritisieren, weil sie sich einseitig auf die städtischen Arbeitsbedingungen konzentriere, die auf das große, platte Land in Kontinentaleuropa nicht einfach übertragen werden könnten. Arbeitsteilung als oberstes und letztes Prinzip aller ökonomischen Bewegung könne weder auf Feldarbeit, noch auf geistige, wissenschaftliche oder künstlerische Arbeit übertragen werden. Deshalb warnte Müller vor einer Nachbeterei der revolutionären und gleichmacherischen Lehre des Adam Smith, wie es in Deutschland zur Mode geworden sei.

Abbildung 5: Auseinandersetzung über das Wirtschaftsdenken

Adam Müller	Adam Smith
F Orientierung an Wechselseitigkeit und Gegenseitigkeit; Wirtschaft hat auch direkt dem Gemeinwohl und nationalen Interessen zu dienen; jede Arbeit, die die Wohlhabenheit des Gemeinwesens steigert, ist produktiv; Unterschiede bei der Organisation von Arbeit beachten!	Mensch verfolgt individuelle und materialistische Interessen; unsichtbare Hand verwandelt Egoismus zu Vorteilen der Gesamtheit; nur materialistisch-wertsteigernde Arbeit ist produktiv; Vorwurf: revolutionär; gleichmacherische Tendenz

2.4.3 „Konservative" Bewegung während der Restauration (1815-1830)

Mit den Niederlagen Napoleons auf den Schlachtfeldern verloren auch die Ideale der Französischen Revolution zunächst an Einfluss. Nach der Völkerschlacht bei Leipzig 1813 musste Napoleon den Rückzug über den Rhein antreten. Auf dem Wiener Kongress 1815 wurde Europa, inklusive der deutschen Territorien, neu geordnet: Der Rheinbund wurde wie auch andere Staatsschöpfungen Napoleons wieder aufgelöst. Durch umfangreiche Gebietszusprüche stieg Preußen nun zur deutschen Großmacht auf. An die Stelle des 1806 aufgelösten Heiligen Römischen Reich deutscher Nation trat der Deutsche Bund (1815-1866). Hierbei handelte es sich um eine lose Vereinigung von 39 Staaten und Stadtstaaten. Seine Zusammensetzung war sehr ungleich: Österreich und Preußen gehörten ihm mit den Gebieten an, die früher zum Reich gehörten; es gab die vier mittelgroßen Königreiche Bayern, Württemberg, Sachsen und Hannover; ausländische Mitglieder waren Großbritannien für Hannover (bis 1837), Dänemark für Holstein (bis 1864), die Niederlande für Luxemburg (bis 1866); die restlichen Mitglieder waren kleinere Staaten und freie Städte. Die Rechtsgrundlagen des Deutschen Bundes bestanden in der Bundesakte von 1815 und der Wiener Schlussakte von 1820, auf die noch einzugehen sein wird.

Ebenso wenig wie die territorialen Verhältnisse ließen sich die politischen einfach auf die Zeit vor 1806 zurückdrehen: Auf „Revolution" folgte nicht einfach „Restauration". Der Pendelschlag in die andere

Richtung blieb zunächst auf halber Strecke stecken, beim „Liberalismus": Die antinapoleonischen Befreiungskriege hatten ein deutsches Nationalgefühl entstehen lassen, das die Liberalen mit dem Gedanken verbanden, eine Nation müsse in ihrer Gänze in einem Parlament vertreten werden und nicht einzelne Stände in Ständeversammlungen vieler unabhängiger deutscher Staaten. Durch die Bildung des Deutschen Bundes als lockerem Zusammenschluss war der liberale Traum von einer vereinten deutschen Nation zunächst verschoben. Ihr Streben nach Parlamentarisierung mussten die Liberalen demnach auf die einzelnen Mitgliedstaaten konzentrieren. Hier wurden nach und nach Verfassungen eingeführt, wobei der Grad der Parlamentarisierung in den einzelnen Staaten unterschiedlich ausfiel.

Das Wahlrecht in Bayern blieb zunächst stark begrenzt auf sechs Prozent der erwachsenen männlichen Bevölkerung. Nur wer selbständig einem Haus vorstand und über ein gewisses Vermögen verfügte, galt als unabhängig und frei genug, um sich ein eigenes Urteil zu bilden und über die Staatsfinanzen mitzubestimmen – zunächst das wichtigste Recht der Kammerabgeordneten. Am weitesten ging die badische Verfassung: Wahlrecht ohne ständische Gliederung, das aktive Wahlrecht stand allen Personen mit Bürgerrecht zu, einen direkten Zensus gab es nur für das passive Wahlrecht. Von deutschlandweiter Bedeutung wurde eine Kundgebung der Burschenschaften 1817, anlässlich des vierten Jahrestages der Völkerschlacht bei Leipzig. Auf dieser so genannten Wartburgfeier forderten sie u. a. die politische und wirtschaftliche Einheit der deutschen Nation, die konstitutionelle Monarchie mit Ministerverantwortlichkeit und Gleichheit vor dem Gesetz, die Schaffung eines deutschen Gesetzbuches, die Garantie der Meinungs- und Pressefreiheit. Diese Forderungen zusammen mit den frühkonstitutionellen, größtenteils noch halbständischen Verfassungen in einigen Ländern stehen für den allmählichen Übergang vom Ständewesen zum Repräsentativsystem in Deutschland.

Diese Entwicklung wurde jäh unterbrochen, als der Jenaer Theologiestudent Sand 1819 den russischen Staatsrat von Kotzebue in Mannheim ermordete. Als Student galt Sand als Personifizierung der umstürzlerischen Gedanken der Wartburgfeier. Kotzebue, der 1817 das „konservative" *„Literarische Wochenblatt"* gegründet hatte, galt als Personifizierung der Gegenrevolution. Der leitende Minister und spätere Staatskanzler in Österreich, Fürst Metternich, sah anlässlich dieser Mordtat die Gelegenheit gekommen, die liberale und nationale Bewegung mit einem Schlag niederwerfen zu können. Metternich unterstellte einen gemeinsamen Aktionsplan durch Studenten, liberale Professoren und die eben in Süddeutschland eröffneten Landtage. Hierauf galt es mit einer Reihe von Maßnahmen zu reagieren. Mit den so genannten Karlsbader Beschlüssen vom Oktober 1819 wurde die Pressezensur verschärft, die Meinungsfreiheit eingeschränkt, die burschenschaftliche Organisation endgültig verboten und unbequeme Hochschullehrer abgesetzt. Eine Vollzugsordnung zu den Karlsbader Beschlüssen verbot die Gründung von Parteien oder politischen Vereinigungen.

Das reformfreudige Preußen brachte Metternich ebenfalls auf Linie: In der so genannten Teplitzer Punktation von 1819 musste der Staatskanzler Hardenberg versichern, zur Repräsentation der Nation keine allgemeine Volksvertretung einzuführen, sondern seinen Provinzen landständische Verfassungen zu erteilen und aus diesen einen Zentralausschuss von Landesrepräsentanten zu bilden. Der Tod Hardenbergs 1822 besiegelte das Ende der Reformära und den Sieg der Restauration in Preußen. Anstelle einer Gesamtverfassung wurde 1823 eine Provinzialständische Verfassung geschaffen. Sie sah für die acht preußischen Provinzen ausdrücklich keine Repräsentationen, sondern Stände vor, wobei dem Adel ein Drittel aller Abgeordneten zugesprochen wurde. Vergleichbares galt für den Deutschen Bund. Artikel 57 der Wiener Schluss-Akte von 1820, eine Art Grundgesetz des Deutschen Bundes, beendete die Parlamentarisierung, indem er das monarchische Prinzip als Grundlage festlegte: Die gesamte Staatsgewalt sei in dem Oberhaupt des Staates – und eben nicht im Volk oder in einer Repräsentativversammlung – vereinigt.

Sogar auf internationaler Ebene setzte sich die Gegenrevolution durch: Bereits 1815, unmittelbar nach dem Sieg über Napoleon, hatten die Monarchen Russlands, Österreichs und Preußens eine so genannte „Heilige Allianz" geschlossen, auf deren Grundlage Russland 1820 die Anerkennung eines Interventionsprinzips durchsetzte: Staaten, welche eine durch Aufruhr bewirkte Regierungsänderung erlitten, sollten nötigenfalls mit Waffen in den Schoß der großen Allianz zurückgeführt werden. Für die Zeit ab 1815 schien die Gegenrevolution auf allen Ebenen gesiegt zu haben: In den deutschen Einzelstaaten, auf der Ebene des Deutschen Bundes und in den internationalen Beziehungen. Der Sieg der Gegenrevolution war beschlossen und verkündet: In der Teplitzer Punktation, der Wiener Schluß-Akte bzw. durch die Heilige Allianz. Bemerkenswert ist, dass diese innen- und außenpolitischen Maßnahmen gegen revolutionäre Umtriebe die „konservative" Bewegung nicht stärkten, sondern zu ihrer Stagnation führten. Gerade weil der „Konservativismus" im Sinne von Gegenrevolution in der politischen Praxis dauerhaft gesiegt zu haben schien, bemühte man sich nicht länger um seine Formulierung in der Theorie. Das schien unnötig geworden zu sein

2. 5. Andere Länder – andere „Konservativismen"

In der Einleitung hatte ich drei Ansätze, den Konservativismus näher zu bestimmen, als zu ungenau bezeichnet. Der Versuch, Konservativismus von seinem Ursprung her zu definieren, wurde bereits in Kapitel 2.1. nachgegangen und gezeigt, dass der Konservativismus nicht erst nach 1789 entstand, sondern wesentlich älter ist. Wie bereits in Kapitel 2.4. angedeutet wurde, änderten sich bisweilen Auffassungen zur Revolution von Begeisterung zur Ablehnung, weshalb sich idealtypische Konservative kaum finden lassen. Es bleibt noch der dritten Frage genauer nachzugehen, ob der Konservativismus als länderübergreifendes Phänomen begriffen werden kann. Dass ich diese These für falsch halte, sagte ich bereits zu Beginn. Um meine Auffassung begründen zu können, musste ich erst einen Eindruck vom Konservativismus in Deutschland vermitteln, um einen Vergleichspunkt zu haben. Dieser vertritt bestimmte Theoreme, die während zweier Auseinandersetzungen formuliert wurden: Einerseits als Anti-Absolutismus in der Herausforderung von oben; andererseits als Anti-Revolutionismus in der Herausforderung von unten. Da weder in Amerika, noch in Großbritannien, noch in Frankreich je diese doppelte Fontstellung bestand, hat sich hier – so meine These – niemals ein mit Deutschland vergleichbarer Konservativismus herausgebildet. Es ist angemessener statt von einem Konservativismus in diesen Ländern von einem amerikanischen Rechtsliberalismus, einem britischen Traditionalismus bzw. einem französischen Legitimismus zu sprechen.

Amerikanischer Rechtsliberalismus

Eine Revolution steht am Anfang der Geschichte der USA. Bei dem Streben nach Unabhängigkeit von der englischen Krone wurden diejenigen vertrieben, die für die Beibehaltung der Verbindung zu England plädierten, indem sie auf Tradition bzw. historische Rechte verwiesen.

Ohnehin hatten die sozialen Verhältnisse, wie sie in Europa üblich waren, in der „neuen Welt" von Anfang an nicht gegolten: Die Siedler waren aus Europa nach Amerika gekommen, um hier einen wirtschaftlichen Neuanfang zu wagen oder ihre Religion frei ausüben zu dürfen. Sie begegneten sich als individuell Freie und relativ Gleiche. Der „American way of live" gründete dadurch von Anfang an auf liberale Prinzipien: Ausgangspunkt amerikanischen Denkens ist das Individuum. Dessen Freiheit wird negativ durch die Abwehr von Einflüssen bestimmt. Ihm wird das Recht zugesprochen, individuell nach Glück zu streben, wodurch das liberale Politikverständnis zum Ausdruck kommt, Politik habe sich „nur" um Interessen zu kümmern, nicht aber Einfluss auf Überzeugungen zu nehmen oder überindividuelle Ziele zu erreichen. Insofern muss das Wirtschaftssystem ein freies sein, damit sich der Erfolgreiche durchsetzen kann.

Mit der Unabhängigkeit von England musste für Nordamerika ein politisches System neu geschaffen werden, das vom Prinzip der Volkssouveränität ausgehen sollte. Umstritten war anfangs nur, in welche Form dieses Prinzip zu gießen sei: Anhänger der „Demokratie" befürworteten möglichst souveräne Einzelstaaten, damit das Volk direkt in Versammlungen über Gesetze beraten und beschließen könne. Hierfür stand z.B. Thomas Jefferson mit seinen „*Betrachtungen über den Staat Virginia*" von 1781. Ihre Gegner forderten mehr Befugnisse für einen Bundesstaat, in dem mittels Repräsentation eine „Republik" errichtet werden könnte. Diese Position vertraten z.B. John Jay, Alexander Hamilton und James Madison in ihren „*Federalist Papers*" von 1787/8. In dieser Auseinandersetzung verwendeten letztere „konservative" Argumente: Aufgrund ihres skeptischen Menschenbildes hielten sie nicht jedermann dafür geeignet, in Massenversammlungen zu angemessenen politischen Entscheidungen zu kommen. Das Volk solle sich vielmehr damit begnügen, Repräsentanten zu wählen, die zusammen mit indirekt gewählten Senatoren Gesetze beschließen, die ein mächtiger Präsident ggf. umzusetzen hat. Dadurch wurden demokratische und aristokratische Elemente in der Legislative mit einer quasi-monarchischen Exekutive verknüpft. Dem Restrisiko, selbst in einer „Republik" könne es dauerhaft zu einer Tyrannei der Mehrheit kommen, wurde mit einem Gemeinwohlbegriff begegnet, der auf die Einheit der Nation verweist, die gegenüber den unterschiedlichen gesellschaftlichen Interessen vorrangig sei.

Die „republikanischen" Grundsätze aus der Anfangszeit der USA sind bis heute unumstritten. Meinungsverschiedenheiten bestehen in unterschiedlichen Gewichtungen ihrer liberalen und ihrer gemäßigtliberalen Bestandteile. In vielen europäischen Ländern ist man gewohnt, politische Standpunkte auf einem Rechts-Links-Schema abtragen zu können. Diese Gewohnheit ist schon für die „alte Welt" fragwürdig; ihre Anwendung auf die USA führt mit Sicherheit zu mehr Missverständnissen, als es einer besseren Orientierung diente: Linke sind hier mehr linksliberal als „links" und „Konservative" sind mehr rechtsliberal als „rechts". Wer Darstellungen über „amerikanischen Konservativismus" liest, wird deshalb kaum etwas wieder finden, was den Konservativismus in Deutschland ausmacht. Als „konservativ" im amerikanischen Sinne gelten nämlich diejenigen, die sich um das Selbstverständnis und die moralischen Voraussetzungen des liberalen politischen Systems Gedanken machen. Oder es wird die „Chiacago School" aufgeführt, weil sie eine liberalistische Wirtschaftstheorie vertritt. Parallelen zum Konservativismus in Deutschland ergeben sich allenfalls dadurch, dass auch amerikanische „Konservative" die Staatstätigkeit auf das Notwendige beschränken wollen und von der Notwendigkeit ethischer Haltungen in der Politik überzeugt sind.

Britischer Traditionalismus

Edmund Burke (1729-1797) gilt all denjenigen als „Begründer des Konservativismus", die diesen als Reaktion auf die Französische Revolution definieren. Schließlich hatte Burke bereits 1790 in seinen „*Betrachtungen über die französische Revolution*" diese sehr skeptisch bewertet. Seine Kritik fällt somit in eine Zeit, bevor die Revolution 1792 in eine Terrorherrschaft umschlug, und scheint dadurch grundlegender auszufallen. Burke, der Prototyp eines konservativen Antirevolutionärs? Wohl kaum. Wie bereits die „Konservativen" in Amerika wollte auch Burke etwas bewahren, was eine Revolution geschaffen hatte: In seinem Fall die Glorreiche Revolution 1689 in England. Um die Thronfolge der katholischen Stuarts zu verhindern, hatten die Vertreter des Landes den protestantischen Schwiegersohn aus dem Hause Oranien auf den englischen Thron berufen. Dadurch war ein politisches System gefestigt worden, das zum Vorbild für die USA wurde: Die Legislative war zweigeteilt in ein direkt gewähltes Unterhaus und in ein Oberhaus, wo erblicher Reichtum bzw. erbliche Würde vertreten wurden; die Exekutive lag in den Händen des Monarchen, der nach Gesetzen regierte. Auf dieser Grundlage warb Burke, der das parlamentarische

System in England nach eigenen Aussagen liebte und selbst jahrzehntelang Abgeordneter war, für stetige Reformen und lehnte radikale Veränderungen in Form einer neuerlichen Revolution für England ab.

Um das Risiko nicht beabsichtigter, negativer Nebenfolgen zu minimieren, zog Burke grundsätzlich Reformen einer Revolution vor. Aus Prinzip lehnte er diese aber ebenso wenig ab wie die Staatsform einer reinen Demokratie. Er räumte ausdrücklich ein, dass Umstände eintreten könnten, die eine reine Demokratie notwendig machten. Und er gestand zu, dass es sich bei einer Revolution sehr wohl um die letzte Arznei eines Staates handele. Was er vehement bestritt, waren Forderungen von einigen seiner Landsleute, dass das England seiner Tage einer zweiten Revolution bzw. der Einführung einer reinen Demokratie bedürfe. Und er bezweifelte, dass in Frankreich seiner Tage sowohl das eine als auch das andere nötig wäre. Seiner Meinung nach hätten es auch in Frankreich Reformen getan statt einer Revolution. Zur Begründung seiner Sichtweise verwendete Burke „konservative" Argumente: Freiheit dürfe nicht mit Willkür verwechselt werden, sondern bedürfe immer des Ausgleichs mit Ordnung. Das einfache Volk sei zur Staatsführung ungeeignet. Nicht jeder verdiene das Gleiche, sondern jeweils das ihm Zukommende. Religion und Gemeinwohlorientierung seien notwendig für eine Gesellschaft im Allgemeinen und für die politisch Verantwortlichen im Besonderen.

Wer Revolutionen und reine Demokratie nur bedingt ablehnt und Reformen prinzipiell befürwortet, ist eher ein Traditionalist als ein Konservativer. Da das englische System nach 1689 ebenso wenig umstritten ist wie das amerikanische nach 1787, gibt es in Großbritannien allenfalls Meinungsverschiedenheiten über das Ausmaß bzw. die Geschwindigkeit von Reformen. Hierbei stehen sich Progressive und Traditionalisten gegenüber, jeweils in Konkurrenz um Wählerstimmen. Im Zuge der Ausdehnung des Wahlrechts gaben sich die Tories, vormals die Partei der englischen Aristokratie, einen neuen Namen und nannten sich ab 1832 „Conservative Party". Wer ihre Geschichte nachliest, wird kaum etwas wieder finden, was den Konservativismus in Deutschland ausmacht. In Abgrenzung zur „Labour Party" entwickelte sie sich nach dem Ersten Weltkrieg zu einer Partei des freien Wettbewerbs und des privaten Unternehmertums, ungeachtet der gesellschaftspolitischen Folgen. Der „English way of live" mit dem Königshaus, der ungeschriebenen Verfassung, elitären Bildungseinrichtungen und exklusiven Clubs ist durch und durch traditionalistisch. Politisch stehen sich in dem Zwei-Parteien-System Englands eine traditionalere

Kraft mit liberalen Zielen und die progressivere „Labour Party" gegenüber.

Französischer Legitimismus

Während sich ein angloamerikanischer Konservativismus nicht entwickeln konnte, weil die Herausforderung von unten nicht so radikal wie in Deutschland erlebt wurde, fehlte dem französischen Konservativismus das Erleben einer radikalen Herausforderung von oben. Die Gegner der Französischen Revolution lehnten dieses Ereignis mit all seinen Konsequenzen ab und konnten als Alternative auf die Herrschaft der Bourbonen vor 1789 verweisen. Als berühmtester Vertreter dieses Denkens gilt Joseph de Maistre (1753-1821). Als gebürtiger Savoyarde war er gleich nach seinem Studium in den Staatsdienst des Königshauses Sardinien-Piermont eingetreten. Als sich dieses 1792 gegen das revolutionäre Frankreich wendete, musste de Maistre in die Schweiz fliehen, wo er „*Von der Souveränität*" und „*Betrachtungen über Frankreich*" schrieb. Souveränität sei ihrem Wesen nach immer von Gott verliehen, uneingeschränkt, unteilbar und absolut. Da das Volk zur Herrschaft ungeeignet sei, könne es niemals Souveränität besitzen, sondern sich allenfalls Macht gewaltsam angeeignet haben. Gott habe das zugelassen, um auf mangelnde Religiosität im Volk, bei den Regenten sowie der Geistlichkeit hinzuweisen und zur Umkehr aufzurufen. Deshalb werde die Monarchie auch wiederkommen, ob das die Menschen wollten oder nicht.

Für de Maistre ist die Monarchie die natürlichste, älteste und universelle Regierungsform. Seine Souveränität erhalte der Monarch von Gott. Damit sie väterlich ausgeübt werde, gebe es ideelle Begrenzungen wie Religion, Gebräuche, geheiligte Gesetze, die öffentliche Meinung sowie Orden und Körperschaften. Faktisch bleibe Souveränität aber immer unbeschränkt und unfehlbar, weshalb niemand dem Monarchen vorwerfen dürfe, er handle ungerecht oder habe sich geirrt. Widerstand schloss de Maistre aus, weil dadurch eine Regierung aufhöre zu sein. Diesen Gedanken äußerte er in seiner 1819 veröffentlichten Schrift „*Vom Papst*". Hierin zog er viele Parallelen zwischen einem souveränen weltlichen Herrscher und dem Oberhaupt der katholischen Kirche: Die Reformation und die Revolution stammten aus derselben Quelle, weil sie den einzelnen über richtig und falsch urteilen ließen, statt auf die Unfehlbarkeit des Mannes an der Spitze zu vertrauen. Das gelte allerdings nur für diejenigen, die ihre Souveränität von Gott erhielten, nicht für Männer wie Napoleon oder dem Bürgerkönig Louis-Philippe, die von Menschenhand an die Spitze gelangten. Für diejenigen, die zwischen legitimen und illegitimen Herrschern unterschieden, bürgerte sich ab 1830 die Bezeichnung „Legitimisten" ein.

Ein Anhänger der legitimen Bourbonenherrschaft, Francois-René de Chateaubriand (1768-1848), begründete 1818 eine Zeitung mit dem Titel „Le conservateur". Nach 1848 nahmen die Wahlbündnisse der dynastischen Parteien erstmals den Namen „Union conservatrice" an. Mit jedem Jahr, mit dem kein legitimer Herrscher mehr auf dem Thron saß bzw. deren Wiederkehr immer unwahrscheinlicher wurde, verlor die Position des Legitmismus an Überzeugungskraft. Spätestens mit der Wende vom 19. zum 20. Jahrhundert verschwand er völlig aus der politischen Landschaft Frankreichs. Was sich hier seitdem auf der rechten Seite des Parteienspektrums tut, hat nichts mehr mit dem Legitimismus gemein. Dieser war seinerseits von Anfang an nur ein halber Konservativismus: Die Herausforderung von unten wollte er begegnen, indem er die Souveränität beinahe unbedingt dem Monarchen zusprach. Diese Denkweise überzeugte bisweilen auch im deutschsprachigen Raum. Der Schweizer Staatsrechtslehrer Karl Ludwig von Haller (1768-1854) vertrat in seinem Werk „Restauration der Staatswissenschaft", mit dem er zum Namensgeber für die Epoche der Restauration wurde, ähnliche Auffassungen. Er sollte nicht der letzte bleiben, der sich aus Angst vor den unteren Ständen in die Arme der Staatsspitze retten wollte. Aus konservativer Sicht glich das dem Versuch, den Teufel durch den Belzebub austreiben zu wollen.

2. 6. Literatur

In der Einleitung habe ich bereits angedeutet, dass klassische Werke des Sozialismus und des Liberalismus immer wieder neu aufgelegt werden und häufig in preiswerten Taschenbuchausgaben zu erhalten sind. Beim Konservativismus ist das – mit Ausnahme der bei Garber zusammengestellten 24 Texte – nicht der Fall: Wer sich beim Konservativismus mit Primärquellen beschäftigen möchte, ist auf Antiquariate oder Bibliotheken angewiesen, wobei z.B. das entscheidende Werk von Rehberg aus dem Jahre 1793 nur in dieser Erstauflage existiert. Wichtige Texte für die Politische Romantik wurden von Spann herausgegeben. Folgende Ausgaben wurden verwendet:

- **Möser,** Justus: Patriotische Phantasien. Erster bis vierter Teil (1774-78). In: Justus Mösers Sämtliche Werke. Historisch-Kritische Ausgabe in 14 Bänden. Band V-VII. Berlin 1943-45 (Gerhard Stalling Verlag).
- **Möser,** Justus: Über die allgemeine Toleranz (1787ff.). In: Friedemann Berger (Hrsg.): Justus Möser. Anwalt des Vaterlandes. Ausgewählte Werke. Leipzig, Weimer 1978 (Gustav Kiepenheuer Verlag). S.420-441.
- **Rehberg,** August Wilhelm: Untersuchungen über die Französische Revolution. Zwei Bände. Hannover, Osnabrück 1973 (bei Christian Ritscher).
- **Müller,** Adam: Die Elemente der Staatskunst (1808/09). Wien, Leipzig 1922 (Wiener Literarische Anstalt).
- **Müller** (1819), Adam: Von der Notwendigkeit einer theologischen Grundlage der gesamten Staatswissenschaften und der Staatswirtschaft insbesondere (1819). Und: Die innere Staatshaushaltung; systematisch dargestellt auf theologischer Grundlage (1819). In: Rudolf Kohler (Hrsg.): Adam Müller. Schriften zur Staatsphilosophie. München ohne Jahr (Theatiner-Verlag) S.177-246 bzw. S.247-314.
- **Garber** (1976), Jörn (Hrsg.): Kritik der Revolution. Theorien des deutschen Frühkonservativismus 1790-1810. Band 1: Dokumentation. Königstein/Ts. (Scriptor Verlag).
- **Spann,** Oskar (Hrsg.): Gesellschaft und Staat im Spiegel deutscher Romantik. Ausgewählt, eingeleitet und erläutert von Jakob Baxa. Jena 1924 (Verlag von Gustav Fischer).

Hinsichtlich der Sekundärliteratur zum Vor- und Frühkonservativismus bzw. zum Konservativismus während der Politischen Romantik kann man sich mit Hinweisen auf wenige, einschlägige Texte begnügen. Das Konzept der „societas civilis" wird in dem Beitrag von Riedel näher erläutert. Die These, dass es als Frühform des Konservativismus anzusehen ist, hat Kondylis stark gemacht. Wegen des sozialgeschichtlichen Teils seiner Studie wurde er bereits in Kapitel 1.4. erwähnt und kritisiert. Hier wird der ideengeschichtliche Teil seines Buches empfohlen. Die beinahe 800 Seiten umfassende Studie von Epstein aus dem Jahre 1966 ist nach wie vor das Beste, was es zu dem Thema „Frühkonservativismus" zu lesen gibt. Hier finden sich auch entsprechende Kapitel zu Möser und Rehberg. Das politische Denken der deutschen Romantik hat Kraus in mehreren Aufsätzen erforscht. Mit dem

Schwerpunkt „Adam Müller" sei hier auf seine Arbeit über die Spätromantik verwiesen.

- **Riedel**, Manfred: Gesellschaft, bürgerliche. In: Otto Brunner / Werner Conze / Reinhart Koselleck (Hrsg.): Geschichtliche Grundbegriffe. Historisches Lexikon zur politisch-sozialen Sprache in Deutschland. Stuttgart 2004 (Klett-Cotta). 7 Bde. Studienausgabe. Bd. 2, S.719-800.
- **Kondylis**, Panajotis: Konservatismus. Geschichtlicher Gehalt und Untergang. Stuttgart 1986 (Klett-Cotta).
- **Epstein**, Klaus: Die Ursprünge des Konservativismus in Deutschland. Der Ausgangspunkt: Die Herausforderung durch die französische Revolution 1770-1806. Frankfurt/M., Berlin, Wien 1966 (Verlag Ullstein, Propyläen Verlag).
- **Kraus**, Hans-Christof: Politisches Denken der deutschen Spätromantik. In: Literaturwissenschaftliches Jahrbuch 38 (1997) S.111-146.

Hinsichtlich der Konservativismen in anderen Ländern ist der Aufsatz „*Stand und Probleme der Erforschung des Konservatismus in den USA*" von Ulrich E. Zellenberg zu empfehlen, der im Band von Schrenck-Notzing aus dem Jahr 2000 erschienen ist. Hierauf wurde bereits in Kapitel 1.4. hingewiesen. Dort wurde auch schon der Band von Beyme aufgeführt, in dem sich Kapitel inklusive Hinweise auf weiterführende Literatur zum Konservativismus in Frankreich bzw. Großbritannien finden lassen.

3. Konservatismus als politische Bewegung in Deutschland (1830-1918)

Die Zeit zwischen 1830 und 1918 ist die Hochphase des Konservativismus in Deutschland. Wurden in der Zeit vor 1830 seine ideengeschichtlichen Grundlagen gelegt und diese mittels erster Zeitschriften einer breiteren Öffentlichkeit vermittelt, so durchlief der Konservativismus nach 1830 die verschiedenen Stationen einer (partei)politischen Bewegung: Unterkapitel 3.1. zeigt, dass sich Konservative verstärkt um politische Zeitungen gruppierten, wodurch der Begriff „konservativ" allmählich die Bezeichnung für eine bestimmte politische Richtung wurde. In Unterkapitel 3.2. wird dargestellt, dass konservative Politiker 1848 damit begannen, sich in der verfassungsgebenden Versammlung Preußens bzw. in der Frankfurter Nationalversammlung zu organisieren. Die preußischen Konservativen taten das, indem sie die „*Kreuzeitung*" gründeten, während sich konservative Abgeordnete in Frankfurt regelmäßig im Café „*Milani*" trafen. Unterkapitel 3.3. beschreibt, dass sich Konservative auch außerhalb von Parlamenten in Form von mehreren Hundert Vereinigungen mit mehreren Zehntausend Mitgliedern organisierten. Bis zur Gründung konservativer Parteien verging aber fast noch ein Viertel Jahrhundert: Erst 1861 gründeten Hochkonservative den „*Preußischen Volksverein*" bzw. 1866 gemäßigte Konservative die „*Freie konservative Vereinigung*".

Kaum in Form von Parteien konstituiert, spaltete sich der Konservativismus anlässlich der Politik Otto von Bismarcks in drei Strömungen auf: Die Ultrakonservativen um die „*Kreuzeitung*" manövrierten sich nach und nach ins politische Abseits. Bestimmend für die Zeit bis 1890 blieben „nur" die gemäßigten Freikonservativen einerseits und die Hochkonservativen andererseits. Diese kritisierten anfänglich Bismarck, versöhnten sich dann aber mit ihm und gründeten 1876 die „*Deutsche konservative Partei*". Wie im Unterkapitel 3.4. gezeigt wird, verloren sowohl Frei- als auch Deutschkonservative in der Nach-Bismarck-Zeit beinahe kontinuierlich an politischem Einfluss. Entweder stützten sich die Reichskanzler auf breitere Bündnisse unter Einschluss mehrerer Parteien oder kleine Koalitionen mit Konservativen scheiterten, weil man sich nicht auf eine gemeinsame Politik einigen konnte.

Anlässlich der Kriegszieldebatte während des Ersten Weltkrieges bildeten sich 1916 zwei Parteigruppen heraus: Einerseits eine Minderheit aus Konservativen und Rechtsliberalen bzw. andererseits eine linke Reichstagsmehrheit, bestehend aus Sozialdemokraten, Linksliberalen und dem Zentrum. Als es 1918 zur Revolution in Deutschland kam, verschwanden sowohl die freikonservative als auch die deutschkonservative Partei aus der deutschen Parteigeschichte. Die Entwicklung im Einzelnen:

3. 1. Konservative Publizistik im Vormärz (1830-1847)

In der Restaurationsphase ab 1815 schien das Schreckgespenst der Revolution ein für alle Mal verjagt worden zu sein. Dieser Illusion konnte man sich bis 1830 hingeben, als es in Frankreich erneut zu einem Aufstand kam. Wegen einer Wirtschaftskrise drückte die liberale Opposition der royalistischen Regierung ihr Misstrauen aus. König Karl X. reagierte mit der Beschränkung der Pressefreiheit, einer Reservierung des Wahlrechts für die Grundbesitzer, der Auflösung der gerade gewählten Kammer und der Ausschreibung von Neuwahlen. Darauf antworteten Handwerker und gelernte Arbeiter mit der „Julirevolution", an deren Ende der König ins Exil gehen musste. Gegner wie auch Anhänger verstanden diese neuerliche Erhebung als eine Wiedergeburt und als Vollendung der Ereignisse von 1789. Anfang August 1830 wurde Louis Philipp, Herzog von Orléans, zum König gewählt, womit sich die Legitimationsgrundlage der französischen Monarchie wesentlich veränderte: Der König herrschte nicht länger aufgrund von Traditionen und der Gnade Gottes, sondern auf der Grundlage der Verfassung, auf die man sich kurz zuvor geeinigt hatte. Außerdem wurden viele Adelige in den politischen Führungsämtern durch Vertreter des Bürgertums abgelöst.

Auch diesmal wirkten sich die Ereignisse in Frankreich auf Deutschland aus. Weitere Staaten gaben sich nun eine Verfassung: U. a. Hannover 1833. Im Südwesten kam es zu Volksbewegungen, an denen sich nicht mehr nur die akademische Jugend, sondern auch Kleinbürgertum und Handwerkerschaft beteiligten. Im Mai 1832 nahmen mehrere Zehntausend am Hambacher Fest teil. Hier wurden Ideen einer revolutionären, nationaldeutschen Demokratie proklamiert. Wie bereits 1819 machte Metternich auch diesmal den Deutschen Bund mobil. Die sechs Artikel vom Juni 1832 legten die Bundesglieder erneut auf den Artikel 57 der Wiener-Schluß-Akte von 1820 fest, der das monarchische Prinzip festgeschrieben hatte. Außerdem erließ der Deutsche Bund im Juli 1832 ein Gesetz, das die Zensur verschärfte und alle offen oder latent politischen Vereine, Versammlungen, Adressen und Feste verbot. Aufgrund dieser Beschlusslage kam es zu zahlreichen Verboten in den Einzelstaaten: Beispielsweise wurden das liberale badische Pressegesetz von 1830 aufgehoben und der opponierende württembergische Landtag aufgelöst.

Als Ernst August den Thron in Hannover bestieg, erklärte er das Staatsgrundgesetz von 1833 als nicht bindend und hob es auf. Als sieben Professoren der Universität Göttingen sich weigerten, eine andere Rechtsgrundlage zu akzeptieren als die, worauf sie ihren Eid geschworen hatten, wurden sie ihrer Ämter enthoben. Da die Göttinger Sieben gegen das monarchische Prinzip verstießen, das den Monarchen als Personifizierung aller Staatsgewalt definierte, wird ihre Weigerung üblicherweise als liberale Reaktion auf eine gegenrevolutionäre Tat angesehen. Setzt man Gegenrevolution aber nicht undifferenziert mit „Konservativismus" gleich, lässt sich dieser Vorgang auch ganz anders deuten: Demnach beriefen sich die Göttinger Sieben in anti-absolutistischer Tradition auf ein Widerstandsrecht gegen eine unrechtmäßig handelnde Obrigkeit und wandten sich gegen eine rein personelle Auffassung vom Staat. Demnach handelte es sich bei ihrer Weigerung um eine „konservative" Reaktion auf eine Herausforderung von oben. So oder so, die Ereignisse um die Göttinger Sieben sorgten für eine deutschlandweite Aufmerksamkeit und trugen entscheidend für die Entstehung einer freien öffentlichen Meinung in Deutschland bei.

Nach und nach bildeten sich einzelne Gruppen, die sich meist um politisch-publizistische Organe scharten: Die Konstitutionell-Liberalen ab 1844 um die „*Zeitschrift für die gesamte Staatswissenschaft*" bzw. ab 1847 um die „*Deutsche Zeitung*"; die Liberalen um die „*Allgemeine Augsburger Zeitung*" und die „*Vossische Zeitung*"; die Radikal-Liberalen bereits ab 1838 um die „*Hallischen Jahrbücher für deutsche Wissenschaft und Kunst*" bzw. 1842/3 um die „*Rheinische Zeitung*". Die Frühsozialisten sammelten sich um die „*Mannheimer Abendzeitung*", das „*Westphälische Dampfboot*" ab 1844 und um die „*Sächsischen Vaterlandsblätter*". Bereits 1832 hatte sich der „*Deutsche Volksverein*" mit bürgerlich-demokratischen Programmpunkten unter Beteiligung von Manufakturen gegründet. Dieser bildete sich 1838 in den „*Bund der Gerechten*" weiter, was die Hinwendung der Arbeiterbewegung zum

Sozialismus bedeutete. 1847 nannte sich diese Vereinigung in „Bund der Kommunisten" um.

Zu einer Art erster Grundsatzprogramme kam es im Jahr 1847. Süddeutsche und rheinisch-preußische Liberale kamen zusammen und formulierten das „Heppenheimer Programm": Sie forderten die Einigung Deutschlands unter einer gemeinsamen Leitung durch eine Weiterentwicklung des Zollvereins. Hierbei handelte es sich um einen zoll- und handelspolitischen Zusammenschluss deutscher Staaten ab 1834. In einem Zollkongress sollten indirekt gewählte Notable mitwirken, wobei auch die Mitwirkung des Volkes durch gewählte Vertreter unerlässlich sei. Weitere Ziele waren u. a. die Trennung der Verwaltung und der Rechtspflege, Pressefreiheit, kommunale Selbstverwaltung, die Einführung einer Volkswehr sowie die Befreiung des Bodens und seiner Bearbeiter von mittelalterlichen Lasten. Die Radikaldemokraten begannen sich ebenfalls 1847 in Baden als eigenständige politische „Partei" zu formieren und verabschiedeten ihr „Offenburger Programm": Darin forderten sie u. a. die Abschaffung aller Vorrechte, Gewissens-, Lehr- und Versammlungsfreiheit, das Recht auf Bildung, eine progressive Einkommensteuer, die Einführung von Geschworenengerichte, die Selbstverwaltung des Volkes und eine Vertretung des Volkes beim Deutschen Bund.

Abbildung 6: Publizistik im Vormärz (1830-1847)

Politisch Gleichgesinnte sammelten sich um Zeitschriften ihrer Ausrichtung: Die Radikalliberalen um die „Rheinische Zeitung" (links), Konservative um die „Preußische Zeitung", kurz „Kreuzzeitung" genannt (rechts).

Auch „Konservative" fanden in dieser Zeit zusammen, um für ihre Anhänger entsprechende Zeitungen herauszugeben. Zwischen 1827 und 1848 erschien die „*Evangelische Kirchenzeitung*" und zwischen 1831 und 1849 das überkonfessionelle „*Politische Wochenblatt*". Die Publikation „*Janus. Jahrbücher deutscher Gesinnung, Bildung und That*" bemühte sich zwischen 1845 und 1848 ebenfalls um konservative Leserschaft. Die anfangs bestehende interkonfessionelle „konservative" Solidarität zerbrach aber schon früh an der Frage der Mischehe. Der Streit, ob bei gemischt-konfessionellen Ehen die Kinder katholisch getauft und erzogen werden müssten, wie es die katholische Kirche forderte, oder ob jeweils die Religion des Vaters ausschlaggebend sein solle, wie es in Preußen geregelt war, führte 1837 zur Verhaftung katholischer Geistlicher. Durch diesen Streit gewann der politische Katholizismus in Deutschland eine Eigenständigkeit. Joseph Görres, zuvor ein Vertreter der Politischen Romantik in Heidelberg, veröffentliche 1837 seine Schrift „*Athanasius*" und ab 1838 erschienen die katholischkonservativen „*Historisch-Politischen Blätter*".

Zu dieser Zeit wurde der Begriff „konservativ" allmählich die Bezeichnung für eine bestimmte politische Richtung. Bereits 1818 hatten in Frankreich Royalisten eine Wochenzeitschrift mit dem Titel „*Le Conservateur*" herausgaben. In England fand der Begriff erstmals im Januar 1830 in der „*Quarterley Review*" Erwähnung, bevor sich die alte Tory Party ab 1832 in „*Conservative Party*" umbenannte. Nach 1830 erschien „konservativ" dann auch im Deutschen als ein politisch gebrauchtes Wort, mit dem sich allerdings noch für längere Zeit keine klaren, jedermann verständlichen Vorstellungen verbanden. Es wurde zunächst vor allem als Fremdbezeichnung von den Gegnern benutzt. So setzte sich weder das Adjektiv noch das Substantiv „Konservativismus", das erstmals um 1840 gelegentlich auftauchte, wirklich durch, am wenigsten bei den Konservativen selber. Eine der wenigen Ausnahmen von dieser Regel war Viktor Aimé Huber.

Die 1840er Jahre schienen aber nicht nur wegen ihres mangelnden Selbstbewusstseins eine schwierige Zeit für „Konservative" zu werden: Nach dem Tode Friedrich Wilhelm III. bestieg 1840 dessen ältester Sohn als Friedrich Wilhelm IV. (1840-1861) den preußischen Thron. Ihm wurde ein liberales Regiment zugetraut. Als der neue Monarch 1842 die erste gesamtstaatliche ständische Vertretung Preußens in Form einer Vertreterversammlung aus den acht Provinziallandtagen nach Berlin berief und ab 1844 den Plan eines Vereinigten Landtages betrieb, hofften viele Liberale auf dem Weg zu einer Landesrepräsentation zu sein. Die Hoffnungen der Liberalen und die Befürchtungen der „Konservativen" bewahrheiteten sich nicht: Als 1847 das Patent für den Ersten Vereinigten Landtag herauskam, kamen darin die in Wahrheit doch ständisch-patriarchalischen Staatsideen Friedrich Wilhelms IV. zum Ausdruck. Vorgesehen war eine beratende Versammlung aller preußischer Provinziallandstände, die sich aus zwei Kurien zusammensetzen sollte: Der Herrenkurie, bestehend aus dem Prinzen, den Fürsten und den Standesherren, sowie der Dreiständekurie, bestehend aus Rittern, Bürgern und Bauern. In seiner Thronrede begrüßte der Monarch die Vertreter des Landtages mit den Worten: *„Sie, meine Herren, sind deutsche Stände im althergebrachten Wortsinn... Das aber ist Ihr Beruf nicht: 'Meinungen zu repräsentieren`"*.

Viktor Aimé Huber

wurde 1800 in Stuttgart geboren. Nach einer medizinischen Ausbildung arbeitete er zunächst während längerer Reisen als Korrespondent einer Zeitung und wurde dann Lehrer für Geschichte und neuere Sprachen in Bremen. Als Philologe wurde er 1832 Professor in Rostock, wechselte 1836 nach Marburg und übernahm 1843 eine Professur für Literaturgeschichte in Berlin. In dieser Zeit schrieb er *„Über die Elemente, die Möglichkeit oder Notwendigkeit einer konservativen Partei in Deutschland"* (1841). Hierin forderte Huber alle Kräfte unter der Bezeichnung „Konservation" zu vereinigen, die für christliche Bildung und sittliches Leben eintraten sowie dem monarchischen Staatsleben ohne feindselige Absicht gegenüberstanden. In *„Grundzüge eines konservativen Programms"* (1846) warb er für eine konservative Presse, um hierüber eine konservative Partei zu bilden. Zwischen 1845 und 1848 gab Huber selbst die konservative Zeitschrift *„Janus"* heraus.

Nachdem er 1844 die Lebensverhältnisse von Arbeitern in Manchester kennen gelernt hatte, beschäftigte sich Huber mit der sozialen Frage. Da seine konservativen Parteifreunde der *„Kreuzzeitung"* dafür weniger Verständnis aufbrachten, entfernten sie sich voneinander. In Berlin engagierte sich Huber im gemeinnützigen Wohnungsbau, bevor er 1851 seine Professur niederlegte und in den Harz übersiedelte. Hier arbeitete er für mehrere Bildungseinrichtungen für Arbeiter. Huber starb 1869 in Wernigerode (Harz).

In diesem am 11. April 1847 einberufenen Ersten Vereinigten Landtag in Preußen kam es zwar noch nicht zu klar abgegrenzten Parteifraktionen, aber Strömungstendenzen wurden erkennbar. Insgesamt fehlte aber den „konservativen" Politikern ein konsistenter Katalog politischer Zielvorstellungen. In einem zeitgenössischen Zitat heißt es, *„die Conservativen waren ohne Halt und Einheit"*. Nun rächte es sich, dass die Konservativen (zu) lange auf eine Parteigründung verzichtet hatten; einerseits weil es in der Phase der Restauration nach 1815 bzw. 1820 bis 1830 nicht nötig schien, anderseits aufgrund einer grundsätzlichen Skepsis gegenüber der Entwicklung zum Parlamentarismus. Rückblickend urteilte ein „konservativer" Zeitgenosse: *„Es hatte Niemand Neigung eine Partei zu gründen... Erst 1848, als die Not auf den Nägeln brannte, kamen wir, 20 Jahre zu spät, darauf"* (E.L. Gerlach zitiert nach Schwendtker 1988:52).

Abbildung 7: „konservativ" – Geschichte eines politischen Begriffs

um 1800	„conservatrice" wurde zunächst für pro-revolutionäre Positionen verwendet: Das durch die Revolution Erreichte sollte bewahrt werden. Napoleon galt als „conservateur" der revolutionären Ideen.
1818	Royalisten in Frankreich gaben ihrer Wochenzeitschrift den Namen *„Le Conservateur"*. Hierin stellte man sich auf die Seite des Königs, kritisierte aber dessen Minister.
ab 1830	„konservativ" setzt sich als Bezeichnung anti-revolutionärer Positionen auch im deutschsprachigen Raum durch.
1832	In England nannten sich die Tories in *„Conservative Party"* um.
1841	Victor Aimé Huber gehörte zu den Ausnahmen in Deutschland, die in den 1840er Jahren über die Notwendigkeit einer „konservativen Partei" für Deutschland schreiben.

3. 2. Konservative Vereine, Fraktionen, „Partei"gründung (1848)

Wie bereits 1789 und 1830 kam es im Frühjahr 1848 erneut zu einer Revolution in Frankreich. Jetzt musste auch Louis Philipp, der 1830 zum König gewählt worden war, ins Exil flüchten. Er hatte sich geweigert, das Wahlrecht auf unterbürgerliche Schichten auszuweiten und diesen ein Recht auf Arbeit zuzubilligen. Wie bei den vorherigen Revolutionen wirkten auch diesmal die Ereignisse in Frankreich auf die deutschen Staaten. Hier wollten die Progressiven durch die Märzrevolution von 1848 die politische Realität gemäß ihrer bürgerlich-liberalen Ideale umgestalten. Zunächst schienen diese Bemühungen deutschlandweit von Erfolg gekrönt: Sogar im „konservativen" Preußen wurde ein „liberales Märzministerium" eingesetzt und eine Volksvertretung gebilligt. Der Zweite Vereinigte Landtag sprach sich für das allgemeine und gleiche Wahlrecht aus und berief eine verfassungsgebende Versammlung ein. Die Wahlen hierzu fanden gemeinsam mit den Wahlen zur Frankfurter Nationalversammlung im Mai 1848 statt und brachten den „Konservativen" eine vernichtende Niederlage ein: Außer Otto von Bismarck konnte keiner ihrer exponierten Vertreter einen Sitz erringen.

Zu den wichtigsten „konservativen" Politikern der ersten Stunde gehörten neben Viktor Aimé Huber u. a. Ernst Ludwig Gerlach und Friedrich Julius Stahl. Sie reagierten auf die Entwicklungen auf zweierlei Weise: Zum einen bildeten sie als so genannte „Kamarilla" im Umfeld des Königs einen ständigen Beraterkreis, um die Reformmaßnahmen des Märzministeriums so gut es eben ging auszubremsen. Zum anderen entschieden sie sich Ende Juni 1848, in Preußen eine konservative „Partei" zu gründen. Diese Gruppe benutzte ausdrücklich den Begriff „conservativ" zur Charakterisierung der eigenen politischen Position. Als „Parteiorgan" wurde am 1. Juli 1848 die *„Neue Preußische Zeitung"* gegründet, die wegen des Eisernen Kreuzes im Titelkopf kurz *„Kreuzzeitung"* genannt wurde. In ihrem Gründungsprogramm hieß es: Man werde das Recht von oben gegen die willkürliche Rechtsbildung von unten vertreten, die Obrigkeit von Gottes Gnaden gegen selbsternannte Machthaber. Man werde die geltende Rechtsordnung gegen offene und versteckte Gewalt verteidigen. Man lehne einen Radikalismus ab, der alle Ungleichheit nicht aufheben, sondern umkehren wolle. Der Wahlspruch der Kreuzzeitung lautete: Man kann sich nur auf das stützen, was widersteht.

Auf der Ebene des Deutschen Bundes wurde im April 1848 beschlossen, es solle ein erstes gesamtdeutsches Parlament tagen. Es trat am 18. Mai 1848 als „Nationalversammlung" in der Frankfurter Paulskirche zusammen. Die Abgeordneten entwarfen eine gesamtdeutsche Verfassung mit Grundrechtskatalog sowie einem allgemeinen, gleichen und geheimen Wahlrecht. Die Frankfurter Reichsverfas-

Wichtige konservative Politiker der ersten Stunde

Ernst Ludwig von Gerlach (1795-1877)

Seine Familie gehört zum so genannten „Beamtenadel"; sein Vater war Oberbürgermeister in Berlin. Gerlach selbst studierte Jura in Berlin, Göttingen und Heidelberg. Er wurde zum Herausgeber mehrerer konservativer Zeitungen: Der *„Evangelische Kirchenzeitung"* ab 1827, des *„Berliner politisches Wochenblatts"* ab 1831, der *„Kreuzzeitung"* ab 1848. Ab den 1830er Jahren gehörte er zur konservativen „Kamarilla" in der Nähe des preußischen Königshauses, dem er auch später stets verbunden blieb. Anfang der 1840er Jahre war er Mitglied im Ministerium für Justizreform, bevor er 1844 Präsident des Oberlandesgerichts in Magdeburg wurde. Zwischen 1849 und 1858 wurde Gerlach Mitglied im preußischen Landtag. Als Ultrakonservativer kritisierte er zunehmend die Politik Bismarcks.

Friedrich Julius Stahl (1802-1861)

In Würzbug geboren, trat er 1819 zum Protestantismus über. Er studierte Jura in seiner Geburtsstadt, in Heidelberg und Erlangen. Seine wissenschaftliche Laufbahn begann er 1827 als Privatdozent in München; sie führte ihn nach mehreren Stationen 1840 nach Berlin, wohin ihn der König berief, damit er für die Verbreitung konservativer Anschauungen sorge. Seine Auffassungen flossen in die preußische Verfassung vom Dezember 1848 ein, an deren Formulierung er beteiligt war. Stahl arbeitete für die *„Kreuzzeitung"* und war ab 1849 bis zu seinem Tode Mitglied des preußischen Landtags.

Joseph Maria von Radowitz (1797-1853)

Über seine Heirat mit der Gräfin von Voß stieg der katholische Nichtpreuße 1828 in die Reihen der preußischen Elite auf. Neben Gerlach arbeitete er ab 1831 für das *„Berliner politische Wochenblatt"*. Ab 1836 wurde er für zehn Jahre preußischer Militärbevollmächtigter beim Deutschen Bund. Als einer der ersten Konservativen beschäftigte er sich mit der sozialen Frage unter dem Mot-

> to: „Je höher die Schicht, je weiter die Pflicht". 1848 wurde er in die Frankfurter Nationalversammlung gewählt, wo er sich der Fraktion „Milani" anschloss. Für etwas mehr als einen Monat war er preußischer Außenminister. Nach seinem Rücktritt zog er nach Erfurt, wo er 1853 starb.

sung trat aber niemals in Kraft. Die politische Stimmung hatte sich in Deutschland innerhalb eines Jahres wesentlich verändert; die Euphorie der Liberalen war schnell verflogen. Im Konflikt zwischen den Befürwortern einer großdeutschen Lösung unter Einschluss Österreichs und den Vertretern einer kleindeutschen Lösung unter der Führung Preußens wurden die österreichischen Abgeordneten im April 1849 aus Frankfurt abberufen. Im Streit um die Unterdrückung eines Aufstandes in Sachsen berief Preußen im Mai seine Abgeordneten ab. Ein gesamtdeutsches Parlament ohne die beiden bestimmenden deutschen Großmächte war endgültig zum Scheitern verurteilt. Das nach Stuttgart ausgewichene Rumpfparlament wurde schließlich im Juni 1849 vom württembergischen Innenministerium für aufgelöst erklärt und durch das Militär vertrieben.

Wenngleich die Frankfurter Nationalversammlung nicht direkt zu einer Parlamentarisierung führte, gab es der Parteibildung dennoch einen Schub. Die 585 Abgeordneten suchten und fanden allmählich politisch Gleichgesinnte, mit denen sie sich trafen, um die Parlamentssitzungen vorzuberaten. Benannt wurden diese Gruppierungen nach Frankfurter Gasthöfen, wo sie ihre Beratungen abhielten. Der Klub der „Konservativen" um Joseph Maria von Radowitz (1797-1853) traf sich im „Steinernen Haus" bzw. im Café „Milani". Das *Programm Milani* vom Juni 1848 beschäftigte sich mit drei Fragen: Erstens wurde für die einzelnen Staaten die konstitutionelle Monarchie befürwortet, damit die rechtliche Ordnung und die wahre Freiheit geschützt werde, ohne Willkür üben zu können. Zweitens sollte eine Zentralgewalt eine Zuständigkeit nur für diejenigen Dinge erhalten, welche die Einzelstaaten nicht zu leisten vermögen. Die nähere Gestalt der Zentralgewalt wurde offen gelassen. Drittens sollte eine Bundesverfassung am besten durch die Zustimmung sämtlicher Regierungen der Einzelstaaten bestätigt werden und nur notfalls, wenn dieses nicht zu erreichen sei, als bindend verkündet werden. Der Begriff „konservativ" wurde im „*Programm Milani*" nicht verwendet.

Bevor es zu einem Meinungsumschwung kam, konnte es 1848 Gefahr für Leib und Leben bedeuten, sich öffentlich gegen die Revolution auszusprechen. Deshalb vermied man den Begriff „conservativ" als politische Selbstetikettierung weitestgehend. Das galt nicht nur für die Abgeordneten in den Versammlungen, sondern auch für Vereine mit politischen Absichten. Deshalb traf man sich lieber in Vereinigungen mit unverdächtigen Namen wie z.B. im „*Verein für christliche Ordnung und Freiheit*" oder im „*Verein zur Wahrung der Rechte und Interessen der Provinzen*". Im April 1848 gründeten „Konservative" den „*Patriotischen Verein für constitutionelles Königtum*", einen Monat später den „*Preußenverein für constitutionelles Königtum*" und Anfang Juli 1848 den „*Verein für König und Vaterland*". Ende Juli folgte der „*Verein zur Wahrung der Rechte des Grundbesitzes und zur Aufrechterhaltung des Wohlstandes aller Volksklassen*", dessen Generalversammlung am 18. August 1848 als so genanntes „Junkerparlament" in die Geschichte einging. Über diese Vereinigungen gelang den Konservativen der Einbruch in kleinbürgerliche Schichten und allmählich die bereits erwähnte Veränderung des politischen Klimas.

In Preußen schlossen sich die „konservativen" Vereine am 27. August 1848 organisatorisch zusammen. Dies und der aussichtslose Versuch der liberalen und radikal-demokratischen Gegenseite, ihre Verfassungsvorstellungen unter einen Hut zu bekommen, führten dazu, dass die verfassungsgebende Versammlung für Preußen scheiterte wie zuvor das Paulskirchenparlament. Friedrich Wilhelm IV. tauschte das liberale Märzministerium gegen ein konservatives Ministerium ein, verlegte die verfassungsgebende Versammlung Preußens zunächst aus der Hauptstadt und löste sie schließlich auf. Die liberalen Verfassungspläne der Versammlung standen dadurch nicht länger zur Debatte. Stattdessen oktroyierte der König am 5. Dezember 1848 eine ihm genehme Verfassung. Sie sah ein Zweikammersystem vor mit einem Herrenhaus und einem Abgeordnetenhaus, dessen Mitglieder gewählt werden sollten. Die Frage, wie man sich zu diesem Oktroi stellen solle, spaltete die Konservativen: Die Hochkonservativen um die „*Kreuzzeitung*" lehnten prinzipiell jede Verfassung als unnötigen Kompromiss gegenüber den Liberalen ab. Die Mitglieder in den Vereinen sahen das weniger kritisch. Sie stellten sich auf den Boden der Verfassungsurkunde. Zum Sprachrohr dieser gemäßigten Konservativen wurde das „*Preußische Wochenblatt zur Besprechung politischer Tagesfragen*" (1851-1861).

In einer Anzeige in der „Kreuzzeitung" im November 1851 wurde die bevorstehende Gründung des „Wochenblatts" damit begründet, dass die äußerste Rechte und die liberale Opposition jeweils über politische Zeitungen verfügten, während die „echt konservative Überzeugung" keine publizistische Unterstützung habe. Was hierunter zu verstehen sei, wurde in drei Punkten zusammengefasst: Für Preußen wurde ein starkes Königtum, aber auch eine allgemeine Landesvertretung befürwortet, die an der Gesetzgebung inklusive Budgetrecht entscheidend mitwirke, ohne dass allerdings die Regierung von der Zustimmung des Parlaments abhängig sein solle. Zweitens bekannten sich die Verfasser nach dem Scheitern einer kleindeutschen Alternative zum Deutschen Bund in der nach 1848 restaurierten Fassung. Drittens trat man für eine pragmatische Außenpolitik ein, die den preußischen Interessen gerecht werde und nicht abstrakten Prinzipien wie Legitimität bzw. Konservativismus einerseits oder Revolution andererseits folge. Zum führenden Kopf des „Wochenblatts" wurde Moritz August von Bethmann-Hollweg (1795-1877), der zwischen 1849 und 1855 Mitglied des preußischen Landtags und von 1858 bis 1862 preußischer Kultusminister war.

Die Wahlen zum preußischen Abgeordnetenhaus fanden Anfang 1849 statt. Aus diesem Anlass bildeten sich Wahlkomitees, die ein wichtiges Sprungbrett auf dem Weg zur Parteibildung wurden. Die gemäßigten Konservativen bildeten u. a. gemeinsam mit den Liberalen ein „Constitutionelles Central-Wahlkomité". Aber auch die „Kreuzzeitung"-Konservativen beteiligten sich an den Wahlen und erkannten dadurch indirekt und widerwillig die Verfassung an. Ihr Ziel blieb es, die liberale Bewegung von innen, sozusagen mit deren eigenen Mitteln zu schlagen. Tatsächlich konnten alle Konservativen zusammen in der zweiten Kammer eine Mehrheit erringen. Allerdings handelte es sich nicht um eine einheitliche politische Kraft, zu unterschiedlich waren die Ansichten zur Verfassung, zum Wahlrecht, zum Budgetrecht des Parlaments, und hinsichtlich der deutschen Frage: Während die gemäßigten Konservativen eine nationale Einigung deutscher Staaten nicht ausschlossen, betonten die „Kreuzzeitung"-Konservativen die Unabhängigkeit Preußens. Letztere gründeten Anfang 1849 den „Royalistenbund", der sich auch „Treubund für König und Vaterland" nannte.

Als sich die zweite Kammer an der Frage zerstritt, ob das Verhängen eines Belagerungszustandes reines Verwaltungshandeln sei oder die Regierung hierfür einen Parlamentsbeschluss brauche, löste der König die Kammer auf. Die Neuwahlen verschoben die Gewichte weiter zugunsten der Konservativen: Mittlerweile hatten nämlich die über 300 konservativen Vereine mit ihren 60.000 Mitgliedern eine stärkere organisierte Anhängerschaft als die demokratischen Vereine. Außerdem wurde Ende Mai 1849 das Dreiklassenwahlrecht in Preußen eingeführt. Trotz dieser organisatorischen Vorarbeiten und des erneuten Wahlerfolgs blieb den Konservativen aber zunächst eine dauerhafte Parteibildung aus mehreren Gründen versagt: Einerseits mangelte es den Konservativen weiterhin an einem gemeinsamen politischen Grundkonsens. Andererseits verhinderte die Vereinsgesetzgebung vom März 1850 regional übergreifende Organisationen. Dadurch wurde der Parteientwicklung in Preußen zunächst ein Riegel vorgeschoben.

Aber nicht nur in Preußen und nicht nur bei den Konservativen verzögerte sich die Parteibildung. Bis 1871 gab es – mit Ausnahme der damals zahlenmäßig noch sehr schwachen Sozialdemokraten – keine politische Partei, deren Organisation sich über ganz Deutschland erstreckte. Jenseits der Fraktionen und der Wahlkämpfe manifestierten sich die politischen Parteien allenfalls in den großen, ihnen nahe stehenden Zeitungen. Für die Konservativen fiel dieser Umstand nicht so stark ins Gewicht, denn schon bald schien ein Mann – zunächst in Preußen und dann auf der deutschen Bundesebene – den Konservativismus zu verkörpern: Otto von Bismarck. Ob er jedoch überhaupt zu den „Konservativen" gerechnet werden kann, ist mehr als fraglich. Bereits 1847 hatten nicht unerhebliche Unterschiede zwischen Bismarcks politischen Grundvorstellungen und denen der Konservativen bestanden. Vieles spricht dafür, dass Bismarck sich frühzeitig von seinen konservativen Ursprüngen abnabelte. Danach stand er nur noch für sich selbst, fern aller Programme und Überzeugungen, die er jeweils nur für seine Ziele benutzte. Dennoch bleibt Bismarck für eine Darstellung des Konservativismus von zentraler Bedeutung: Da er von seinen Zeitgenossen als Vertreter des Konservativismus angesehen wurde, prägte er diesen nachdrücklich.

3.3. Spaltung des Konservativismus unter Bismarck (1848-1876)

Von Anfang an gehörte Bismarck zum engsten Mitarbeiterstab der „Kreuzzeitung" und gehörte dadurch vermeintlich zu den „Kreuzzeitung"-Konservativen. Aufgrund seiner Redegewandtheit stieg er im Preußischen Landtag schnell zum maßgeblichen Sprecher der konservativen Fraktion auf. Doch bereits in dieser Phase entfernte sich Bismarck von wesentlichen Positionen, die beispielsweise Ernst Ludwig von Gerlach als „Kreuzzeitung"-Konservativer vertrat: Gerlach unterstützte die vom preußischen König 1849 geplante „Deutsche Union", die sich aus 28 deutschen Staaten zusammensetzen sollte. Österreich, das nicht dazugehören sollte, stellte sich zum Schluss sogar unter Kriegsandrohung gegen dieses Vorhaben und forderte die Wiederherstellung des Deutschen Bundes. Bismarck gab daraufhin die kleindeutsche Haltung der „Kreuzzeitung"-Konservativen auf und hielt die entscheidende Rede gegen die „Deutsche Union" und für die Fortsetzung des Deutschen Bundes. Das brachte ihm im Juli 1851 den Posten des preußischen Gesandten beim Deutschen Bund in Frankfurt ein. Aus dieser Zeit stammt ein Briefwechsel zwischen Bismarck und Gerlach über einen weiteren Punkt, in dem sie unterschiedlicher Meinung waren. Während Gerlach ein Zusammengehen mit dem unrechtmäßigen Herrscher Napoleon III. prinzipiell ablehnte, wollte Bismarck das nicht grundsätzlich ausschließen.

Doch zunächst schien es so, dass in der zweiten Hälfte der 1850er Jahre sowohl der Einfluss Bismarcks als auch der Einfluss der „Kreuzzeitung"-Konservativen am Schwinden war. Ende Oktober 1857 hatte Prinz Wilhelm die Stellvertretung seines erkrankten Bruders Friedrich Wilhelm IV. übernommen. Damit kündigte sich das Ende der konservativen Kamarilla im Umfeld des Monarchen an. Bismarck wurde von Wilhelm als Gesandter aus Frankfurt abberufen und nach Petersburg geschickt, wo man ihn ab 1859 kaltstellte, bis er 1862 Gesandter in Paris wurde. Die neue Politik Wilhelms stützte sich von nun an auf die gemäßigten „Wochenblatt"-Konservativen. Mit Bekanntgabe des Regierungsprogramms durch den Prinzregenten begann Ende 1858 die so genannte „neue Ära" mit eindeutig liberalen Akzenten. Die kurz darauf stattfindenden Wahlen zum preußischen Abgeordnetenhaus kehrten die bisherigen Mehrheitsverhältnisse um: Die verschiedenen Fraktionen der Konservativen wurden etwa auf ein Viertel ihrer bisherigen Stärke reduziert, die Liberalen verdreifachten ihre Mandate und verfügten zusammen mit den gemäßigten „Wochenblatt"-Konservativen über eine absolute Mehrheit.

Die „neue Ära" und der stärkere Einfluss der „Wochenblatt"-Konservativen blieb aber nur ein kurzes Intermezzo. Bei der Frage, welche Ziele mit der notwendigen Reform des Heeres verfolgt werden sollten, pochte der Prinzregent auf die Entscheidungskompetenz der Krone und war nicht bereit, irgendwelche Kompromisse mit dem Abgeordnetenhaus einzugehen. Der bisherige Kriegsminister, als ein Anhänger der „neuen Ära", musste zurücktreten, sein Nachfolger wurde Ende 1859 General Albrecht von Roon, ein Freund Bismarcks. Als Friedrich Wilhelm IV. nach langer Krankheit am 2. Januar 1861 verstarb, bestieg Wilhelm I. (1861-1888) sechzigjährig nun offiziell den Thron. Bei den Krönungsfeierlichkeiten im Oktober 1861 begrüßte Wilhelm I. die Abgeordneten als bloße Ratgeber der Krone. Er nahm es ihnen übel, dass sie die Mittel für die Heeresreorganisation nur als Provisorium bewilligt und nicht in den ordentlichen Haushalt aufgenommen hatten. Die Hoffnungen, die durch die „neue Ära" bei den Liberalen und auch bei den gemäßigten „Wochenblatt"-Konservativen geweckt worden waren und wegen der Haltung des Monarchen im Zusammenhang mit der Heeresfrage nun enttäuscht wurden, führte zu einschneidenden Veränderungen in der Parteienlandschaft Preußens.

Einen Tag nach der Erklärung des Königs bei den Krönungsfeierlichkeiten spaltete sich der linke Flügel der Liberalen unter dem Namen „Deutsche Fortschrittspartei" ab. Sie wurde bei den Wahlen zum Abgeordnetenhaus im Dezember 1861 auf Anhieb stärkste Fraktion. Auch die Altliberalen gewannen Sitze hinzu, während die Konservativen nur noch 14 Mandate errangen. Nach dieser vernichtenden Wahlniederlage gründeten Konservative unter Führung Hermann Wageners (1815-1889) als Gegenstück zur Fortschrittspartei am 20. September 1861 den „Preußischen Volksverein". Dieser sollte auch außerhalb von Wahlen ein bleibendes Organ für Gesinnungsgenossen sein. Sein Programm bestand aus drei Punkten: Einigung deutscher Fürsten und Völker in Festhaltung an Ordnung und Recht und nicht in Form einer Republik; Festhalten am christlichen Fundament und an den geschichtlich bewährten Elementen der Verfassung, d.h. kein parlamentarisches Regiment, keine konstitutionelle Ministerverantwortlichkeit, sondern ein persönliches Königtum von Gottes Gnaden; schließlich sprach man sich gegen die Alleinherrschaft des Geldkapitals sowie gegen bürokratischen Absolutismus aus und befürwortete die kommunale Selbstverwaltung unter Teilnahme der Untertanen.

Nach den Wahlen zum preußischen Abgeordnetenhaus forderte die liberale Mehrheit nun die volle Durchsetzung des parlamentarischen Budgetrechts und die Bindung der Regierung an die Zustimmung des Parlaments. Wilhelm I. war zu diesbezüglichen Kompromissen nicht bereit und löste das Abgeordnetenhaus auf. Bei den Neuwahlen im Mai 1862 verloren die Konservativen nochmals drei Mandate, während die Befürworter der Parlamentarisierung nunmehr über eine

Dreiviertelmehrheit verfügten. Das Patt zwischen parlamentarischer Mehrheit einerseits und dem König mit seiner Regierung andererseits schien unauflösbar. Hinsichtlich der Frage, wie vorzugehen sei, wenn man sich nicht auf einen Haushalt verständigen kann, war in der Verfassung nicht geregelt. In dieser Situation erschienen im August 1862 Zeitungsartikel, die für diesen Fall den Ausschlag bei der Regierung sahen. Der hierdurch ausgelöste Proteststurm in der Öffentlichkeit führte dazu, dass sich sie Regierung im September 1862 von dieser Lösung der so genannten Lücken-Theorie distanzierte.

Hermann Wagener

wurde 1815 in Seegelitz, Kreis Neuruppin, als Sohn eines Landpfarrers geboren. Nach seinem Jurastudium wurde er von Ernst Ludwig vonGerlach gefördert. Als er 1848 während der liberalen Phase entlassen wurde, ging er bis 1854 in die Redaktion der „Kreuzzeitung". Ab Mitte der 1850er Jahre bekleidete Wagener Abgeordnetenmandate in der preußischen Kammer, im Norddeutschen Bund und im Deutschen Reichstag und galt jeweils als Sprecher des sozialkonservativen Flügels. 1856 formulierte Wagener anonym die „*Grundzüge der conservativen Politik*" und trat publizistisch als Herausgeber des „*Staats- und Gesellschaftslexikon*" in 23 Bändern und der „*Berliner Revue*" in Erscheinung. Wagener wurde unter Bismarck, den er bereits seit 1845/6 kannte, als Vortragender Rat im Staatsministerium zu dessen innenpolitischen Berater. Im Zusammenhang mit der Instrumentalisierung liberaler Ideen durch Bismarck schwand der Einfluss des hochkonservativen Wagener ab Mitte der 1860er Jahre. Als Wagener 1873 von den Liberalen wegen angeblicher finanzieller Verfehlungen angegriffen wurde, bat er um die Entlassung aus dem preußischen Staatsdienst. Das Verhältnis zu Bismarck, der ihn davor nicht schützen konnte oder wollte, zerbrach daraufhin endgültig. Wagener starb 1889 in Berlin-Friedenau.

Vor diesem Hintergrund schien Bismarck, alarmiert durch seinen Freund Roon, die letzte Rettung zu sein für den Monarchen. In einer Unterredung Ende September 1862 versicherte Bismarck dem Monarchen, ohne Abstriche an der Heeresreform festzuhalten, womit seine Ernennung zum preußischen Ministerpräsidenten und Außenminister beschlossene Sache war. Nachdem sich das Abgeordnetenhaus am 22. Mai 1863 jeder Zusammenarbeit mit der Regierung versagte, schloss Bismarck fünf Tage später die Sitzungsperiode. Die liberalen Parteien führten im Oktober 1863 einen kompromisslosen Wahlkampf gegen die Regierung Bismarck und errangen dadurch einen überwältigenden Sieg. Nunmehr verfügte die liberale Opposition über 70 Prozent der Mandate im preußischen Abgeordnetenhaus. Bismarck zog hieraus Konsequenzen: Wer Preußen im Kern bewahren wolle, müsse sich selbst an die Spitze der Veränderungen setzen. „*Soll Revolution sein, so wollen wir sie lieber machen als erleiden*" – so lautete jetzt seine Devise.

Bismarcks Revolution von oben erfolgte im Sommer 1866 mit einem Doppelschlag und zementierte schließlich eine Dreispaltung des Konservativismus. Mit dem Ziel, Preußen im Kern bewahren zu wollen, instrumentalisierte er zum einen die liberale Idee, indem er im April 1866 einen Antrag Preußens beim Deutschen Bund einreichte, wonach ein Bundesparlament aus allgemeinen und direkten Wahlen hervorgehen solle. Zum anderen nutzte Bismarck die nationale Idee in einem kleindeutschen Sinne, indem Preußen im Juni 1866 dem Deutschen Bund einen Reformplan vorlegte, der auf den Ausschluss Österreichs abzielte. Daraufhin begaben sich einige der „*Kreuzzeitung*"-Konservativen um Ernst Ludwig Gerlach in Opposition zu Bismarcks Innen- und Außenpolitik. Diese Ultrakonservativen sahen sich von nun an als die wahren „Konservativen". Die gemäßigten „*Wochenblatt*"-Konservativen hingegen schlossen sich im preußischen Abgeordnetenhaus zu einer „*Freien konservativen Vereinigung*" zusammen. Sie unterstützten Bismarck ohne Einschränkung, so dass diese Freikonservativen von nun an als die „Partei Bismarcks sans phrase" galten. Als drittes unterstütze der hochkonservative „*Preußenverein*" um Hermann Wagener Bismarcks Außenpolitik, lehnte aber dessen innenpolitische Anbiederung an die Liberalen ab.

Die Anträge Preußens beim Deutschen Bund führten nicht zu dessen Reform; ein Krieg besorgte dessen Ende. Durch den deutsch-dänischen Krieg 1864 waren u. a. Schleswig und Holstein zunächst unter die gemeinsame Verwaltung von Österreich und Preußen gekommen. Als Österreich den Deutschen Bund zwecks Klärung der Schleswig-Holstein-Frage anrief, marschierte Preußen in Holstein ein. Im anschließenden Krieg siegte Preußen über Österreich und dessen Verbündete. Da der König von Hannover, der hessische Kurfürst und der Herzog von

Nassau in diesem Krieg gegen Preußen gekämpft hatten, sorgte Bismarck für ihre Entthronung. Dadurch stellte er das monarchische Gottesgnadentum in Frage, was ihm die Ultrakonservativen um Gerlach und die Hochkonservativen um Wagener übel nahmen. Dennoch brachte der deutsche Bruderkrieg von 1866 für Bismarck in Preußen die Wende. Bei den Wahlen zum preußischen Abgeordnetenhaus im Juli 1866 schnellten die „Konservativen" auf 136 Sitze hoch. Die mangelnde Unterstützung durch Ultra- und Hochkonservative kompensierte Bismarck durch die 1866 gegründeten Nationalliberalen. Sie waren in national- und außenpolitischer Hinsicht unbedingt, in innenpolitischer Hinsicht bedingt zur Zusammenarbeit mit Bismarck bereit.

Partei

Da sich Politiker in Deutschland lange Zeit als Vertreter des Wohles aller bzw. des Landes begriffen, wollten sie sich nicht nur als Teil (pars, Partei) bezeichnen lassen. Partei blieb dadurch lange Zeit eine Fremdbezeichnung für die einseitigen Interessen der jeweils anderen. Erst 1848 mit den ersten parlamentarischen Erfahrungen in der Nationalversammlung wurde „Partei" allmählich als Selbstbezeichnung verwendet, wobei hiermit zumeist eine lose Gesinnungsgemeinschaft ohne Organisation verstanden wurde. Die „*Deutsche Fortschrittspartei*" von 1861 ist die erste Partei in Deutschland, die den Begriff im Namen führte.

Die Abneigung gegen den Parteibegriff hielt sich bei Konservativen besonders hartnäckig. So wurde noch 1861 bei der Gründung des „*Preußischen Volksvereins*" der Begriff „Partei" im Namen bewusst vermieden. Im Aufruf der Konservativen zu den preußischen Landtagswahlen von 1863 wurde an den Patriotismus appelliert und „Partei-Motive" ausdrücklich zurückgewiesen. Im Aufruf konservativer Mitglieder des Norddeutschen Bundes zu den preußischen Landtagswahlen von 1867 wurde erstmals offiziell von „konservativer Partei" gesprochen. Noch im selben Jahr nahm die „*Freikonservative Partei*", die 1866 noch als Vereinigung gegründet worden war, als erste konservative Kraft den Parteibegriff in ihrem Namen auf. Allerdings warnte sie in ihrem Wahlprogramm vor Auswüchsen und Übertreibungen des Parteiwesens, weshalb gelte: Das Vaterland steht über der Partei. Diesen Wahlspruch blieb sie treu und bestätigte ihn noch in ihren Leitsätzen von 1907.

Der Sieg von 1866 brachte Preußen nicht nur seine letzte und äußerste Ausdehnung, sondern zum ersten Mal in seiner Geschichte einen vollkommen zusammenhängenden deutschen Gebietskörper: Hannover, Schleswig-Holstein, Kurhessen und Nassau wurden preußische Provinzen, Frankfurt preußische Provinzstadt. Als Nachfolger des Deutschen Bundes wurde ein Norddeutscher Bund (1867-1871) gebildet, der sich aus Preußen plus 22 weitere Mitglieder zusammensetzte. An dessen Spitze stand der preußische König als „Bundespräsident". Die Vertreter der Mitglieder des Bundes kamen in einem Bundesrat zusammen, in dem Preußen über 17, die restlichen 22 Mitglieder zusammen über 26 Stimmen verfügten. Dieses Übergewicht Preußens entsprach nicht einmal dem Ungleichgewicht bei den Einwohnern: Preußen hatte nach den Annexionen 24 Millionen Einwohner, alle übrigen Mitglieder zusammen sechs. Der König ernannte einen Bundeskanzler als Vorsitzenden des Bundesrates, konnte den Bundesrat und den Reichstag berufen, vertagen und schließen. Der Reichstag setzte sich aus Abgeordneten zusammen, die in allgemeiner, direkter und geheimer Wahl gewählt wurden. Seine Kompetenz bestand im Wesentlichen in der Mitwirkung bei der Gesetzgebung; Bundesgesetze bedurften jeweils einer Mehrheit im Bundesrat und im Reichstag.

Zu den Wahlen zum Norddeutschen Reichstag traten die „*Kreuzzeitung*"-Konservativen unter Führung Ernst Ludwig von Gerlachs mit einer im Oktober 1866 gegründeten „*Patriotischen Vereinigung*" an. In ihrem Wahlaufruf vertraten sie eine preußisch-partikulare Position und hielten es „vom konservativen Gesichtspunkte aus" für ein Glück, dass der Einheitsstaat nicht angestrebt werde. Aber genau darin bestand die Politik Bismarcks. Dabei stützte er sich auf die gemäßigten Konservativen. 32 von ihnen, alles Mitglieder des Norddeutschen Reichstages, veröffentlichten im Oktober 1867 einen Aufruf zu den preußischen Landtagswahlen. Hierin reklamierten sie für sich, „die konservative Partei" zu sein, die sich vor allem auch national nennen dürfe und hinter der Politik Bismarcks stehe. Eine zweite Gruppe gemäßigter Konservativer nannte sich nun „*Freikonservative Partei*". Diese war aus der „*Freien konservativen Vereinigung*" hervorgegangen und setzte die Tendenz der „*Wochenblatt*"-Konservativen fort. In ihrem Wahlprogramm von 1867 reklamierten sie ihrerseits den „echt konservativen Geist" für sich, sprachen von der glanzvollen Vergangenheit des Absolutismus in Preußen, der nun als konstitutionelle Monarchie fortzuentwickeln sei.

Außer um die gemäßigten Konservativen warb Bismarck weiterhin um die Nationalliberalen, die als rechter Gegenpart zur liberalen Fortschrittspartei entstanden waren. Dank dieser Unterstützung gab Bismarck als Bundeskanzler dem Norddeutschen Bund die modernste Wirtschafts- und Sozialverfassung, Rechtsordnung und Verwaltungsstruktur in ganz Europa. Die endgültige Entwicklung vom Personenverband zum bürokratisch-zentralisierten Anstaltsstaat ist wesentlich sein Werk. Und weil sich der deutsche Staat dadurch zum wirtschaftlichen und sozialen Interventionsstaat entwickelte, wurde von nun an einer Trennung von Staat und Gesellschaft der Boden entzogen. Die entsprechenden Pläne ließ Bismarck von Rudolf von Delbrück, dem Chef des neu gegründeten Bundeskanzleramts, ausarbeiten. Die Währung wurde vereinheitlicht, eine nationale Zentralbank wurde errichtet und die Außenzölle abgebaut. Der Staat war nicht länger konservatives Bollwerk gegen Umsturz und Revolution, sondern wurde Exekutivorgan der Gesellschaft im liberalen Sinne.

Diese Politik setzte Bismarck fort, als nach dem Krieg gegen Frankreich das Deutsche Reich (1871-1918) gegründet wurde. Im Vergleich zum Norddeutschen Bund zählten nun noch Bayern, Württemberg, Baden und Hessen-Darmstadt zum Reichsgebiet. Staatsorganisatorisch veränderte sich kaum etwas: Das Bundespräsidium verblieb beim preußischen König, der nun den Namen „Deutscher Kaiser" führte; Preußens Dominanz im Bundesrat verringerte sich nur geringfügig, es verfügte über 17 von jetzt 58 Stimmen; der Vorsitzende des Bundesrates hieß von nun an „Reichskanzler". Mit der Reichsgründung 1871 betrieb Bismarck eine Status-quo-Politik auf der neuen, von ihm geschaffenen Grundlage, d.h. das Veränderte sollte gegenüber abermaligen Veränderungen bewahrt werden. In diesem Sinne wollte Bismarck als Konservativer gelten und reagierte gereizt auf Alternativen, die ihm die Stellung eines Bollwerks der bestehenden Ordnung hätten streitig machen können. Eine solche Alternative hatte sich im Dezember 1870 mit dem katholischen „Zentrum" gegründet. Seit dem Streit um die Mischehe 1837 war der katholische Konservativismus eigene Wege gegangen, was durch die Dominanz des protestantischen Konservativismus in Preußen nur noch verstärkt worden war. Bismarck vertiefte diese Entzweiung nachhaltig.

Bismarck ließ im Juni 1871 in der „*Kreuzzeitung*" erklären, die Regierung betrachte die Führer der Zentrumspartei nicht als ihre Freunde. Es folgte der so genannte „Kulturkampf": Im preußischen Kultusministerium wurde Anfang 1872 die „Katholische Abteilung" aufgelöst, die als institutionalisierte Interessenvertretung des Katholizismus galt. Im Strafgesetzbuch wurde der Kanzelparagraph aufgenommen, der jeden Geistlichen mit Strafe bedrohte, der in Verkündigungen Angelegenheiten des Staates in einer Weise zum Gegenstand mache, die den öffentlichen Friede gefährde. Ein neues Schulaufsichtsgesetz unterstellte die Schule grundsätzlich staatlicher Aufsicht. Erneut geriet Bismarck in krassen Gegensatz zu den Ultrakonservativen. Vor den Wahlen in Preußen veröffentlichten konservative Mitglieder des Landtages im Mai 1873 in der „*Kreuzzeitung*" ein Wahlprogramm. Hierin sprachen sie sich gegen die Trennung des Staates von der Kirche und gegen eine Entchristlichung des ersteren aus. Stattdessen forderten sie den konfessionellen Charakter der Volksschule und die Freiheit des Unterrichts auch für die Kirche. Unterschiedlicher konnten die Positionen Bismarcks und der Ultrakonservativen nicht sein.

Gleichzeitig begann sich der breite Konsens hinsichtlich der wirtschaftspolitischen und vielfach auch der sozialpolitischen Grundsätze aufzulösen, der als wichtige Grundlage einer informellen Zusammenarbeit von gemäßigt-konservativen und liberalen Kräften seit 1866/7 galt. Die wirtschaftliche Krise ab 1873 führte zu einer Fülle von Insolvenzen, zu Preis- und Gewinnverfall, die Situation auf dem Arbeitsmarkt verschlechterte sich, Export und Wirtschaft stagnierten, die landwirtschaftlichen Erträge gingen zurück. Die soziale Unsicherheit breiter Bevölkerungskreise nahm ebenso zu wie Wähler sozialistischer Parteien. Bei den Wahlen zum preußischen Abgeordnetenhaus Ende 1873 mussten die Konservativen eine Niederlage einstecken. Und auch die Reichstagswahlen von 1874 schwächten die Konservativen bzw. stärkten die liberalen Parteien und das Zentrum. Mit dem neuen Reichspressegesetz von 1874 wollte Bismarck „sozialistische Umsturzpropaganda" unterbinden. Als beide liberalen Parteien den Entwurf ablehnten, war Bismarck vorerst damit gescheitert, die Nationalliberalen dauerhaft auf seine Seite zu ziehen und von der linksliberalen Fortschrittspartei zu spalten. Bismarck brauchte neue Bündnispartner für seine Politik und suchte sie bei den Konservativen; allerdings nicht bei den Ultrakonservativen, sondern bei den Hochkonservativen Bismarck´schen Zuschnitts.

Als unter dem Druck der russischen und überseeischen Konkurrenz die Getreidepreise in den Keller gingen, forderte die ostelbische Landwirtschaft schützende staatliche Maßnahmen und eine Abkehr vom wirtschaftsliberalen System. Ein weiterer Höhepunkt der ultrakonservativen Gegnerschaft zu Bismarck waren die „Ära"-Artikel 1875

Abbildung 8: Geschichte „konservativer" Parteien in Deutschland im Überblick

1847	Im Ersten Vereinigten Landtag in Preußen waren die „Konservativen" noch „ohne Halt und Einheit".
1848	trafen sich „konservative" Abgeordnete der Frankfurter Nationalversammlung um Radowitz im Café „Milani".
1848	kamen in Preußen Gerlach, Huber und Bismarck zusammen und charakterisierten ihre politische Position erstmals ausdrücklich als „conservativ".
1849	Während die gemäßigten „Konservativen" um das „Wochenblatt" (ab 1851) die oktroyierte Verfassung vom 05.12.1848 akzeptierten, lehnten die Ultrakonservativen um die „Kreuzzeitung" jede Verfassung ab.
1861	Hochkonservative um Wagener gründen den „Preußischen Volksverein" als konservatives Gegenstück zur liberalen „Fortschrittspartei"
1866	gründeten gemäßigt Konservative in der Tradition des Wochenblattes die „Freie Konservative Vereinigung".
1867	konstituierte sich auch im Reichstag des Norddeutschen Bundes eine freikonservative Fraktion. Die als Vereinigung gegründete Bewegung nennt sich nun „Freikonservative Partei".
1876	Nach dem endgültigen Bruch mit den Ultrakonservativen versöhnte sich Bismarck mit Teilen der Hochkonservativen: Ergebnis dessen war die „Deutsche Konservative Partei".

in der „Kreuzzeitung", in denen der Regierung vorgeworfen wurde, in ihrer Wirtschaftspolitik die einseitigen Profitinteressen des großen Kapitals zu verkörpern. Statt Kompromissbereitschaft zu signalisieren, nutzte Bismarck seine Rede vor dem Reichstag am 9. Februar 1876 zu einem Frontalangriff gegen die „Kreuzzeitung" und die hinter ihr stehenden politischen Kräfte aus dem ultrakonservativen Lager. Bismarck forderte für ein etwaiges Entgegenkommen in der Wirtschaftspolitik eine unbedingte Gefolgschaftstreue der Konservativen. Ende April 1876 musste mit Rudolf von Delbrück der Hauptexponent der liberalen Wirtschaftspolitik zurücktreten. Über die Gründung der „*Vereinigung der Steuer- und Wirtschaftsreformer*" kam es im Juli 1876 zu einer Neugründung: die „*Deutsche Konservative Partei*". Ihr Programm wurde mit Bismarck abgestimmt.

3. 4. Geschichte konservativer Parteien (1876-1918)

Im Gründungsaufruf vom 7. Juni 1876 wendete sich die Deutsche Konservative Partei an die „konservativen Elemente des Deutschen Reiches" und bekannte sich zur Bewahrung des Status quo im Sinne Bismarcks, d.h. zur nationalen Einheit des Vaterlandes auf dem Boden der Reichsverfassung sowie zu deren monarchischen Grundlagen und zu einer kräftigen obrigkeitlichen Gewalt. Den sozialistischen Irrlehren sollte entgegengetreten werden. Die Hochkonservativen hatten Bismarck allerdings auch Zugeständnisse abgerungen. Die übertriebene wirtschaftliche Zentralisation, die zur Bevorzugung des großen Geldkapitals und zur Benachteiligung der Landwirtschaft und des Kleingewerbes geführt habe, solle schrittweise beseitigt werden und schließlich einer geordneten wirtschaftlichen Freiheit weichen. Zur Revision der im Kulturkampf erlassenen Gesetze sei man bereit, damit christliche und kirchliche Einrichtungen, inklusive der konfessionellen Volksschule, wieder erstarken könnten. Mit diesen beiden Punkten ließen sich die Hochkonservativen bestätigen, dass die liberale Wirtschaftspolitik Bismarcks ab 1867 und dessen Kulturkampf gegen den politischen Katholizismus ab 1871 Fehler waren, die zurückgenommen werden sollten.

Damit Bismarck den Kurswechsel in diesen beiden Punkten umsetzen konnte, bedurfte es entsprechender politischer Rahmenbedingungen, die noch nicht gegeben waren. Aufgrund der Mehrheitsverhältnisse musste Bismarck versuchen, die Nationalliberalen für eine Zusammenarbeit zu gewinnen. Ende 1877 bot er ihnen an, in die preußische und in die Reichsregierung einzutreten. Als aber die Nationalliberalen zusammen mit der Fortschrittspartei bei den Reichstagswahlen 1877/8 ihre absolute Mehrheit verloren, über die sie seit 1871 verfügt hatten, nutzte Bismarck die Gelegenheit: In seiner Reichstagsrede vom 22. Februar 1878 gab er den grundsätzlichen Kurswechsel in der Wirtschafts- und Finanzpolitik bekannt, woraufhin die Nationalliberalen die Verhandlungen über eine Regierungsbeteiligung abbrachen. Jetzt galt es sicher zu stellen, dass man nicht bei nächster Gelegenheit wieder auf die Nationalliberalen angewiesen sein würde. Die Chance bot das Mai-Attentat auf den Kaiser. Bismarck nutzte es zur Einbringung des Gesetzentwurfs „Zur Abwehr sozialdemokratischer Ausschreitungen", der zunächst abgelehnt wurde. Als es im Juni erneut zu einem Attentat auf den Kaiser kam, zog Bismarck mit der Devise „Für ein Sozialistengesetz und für eine Reichsfinanzreform" in den Reichstagswahlkampf. Er zielte damit auf nationalliberale Wählerschichten; mit Erfolg.

Bei den Reichstagswahlen vom Sommer 1878 verloren beide liberalen Parteien abermals, die Konservativen gewannen. Die neue nationalliberale Reichstagsfraktion erklärte sich nun grundsätzlich zur Zusammenarbeit mit der Reichsregierung bereit und stimmte nun für das Sozialistengesetz. Daraufhin unternahm Bismarck im Mai 1879 mit einem Gesetzentwurf zum Zolltarif einen letzten Versuch, eine dauerhafte Zusammenarbeit mit den Nationalliberalen zu gewinnen. An dieser Frage zerbrach schließlich die Einheit der nationalliberalen Fraktion. Die linken Sezessionisten bildeten die Liberale Vereinigung, die sich 1884 mit der Fortschrittspartei zur Deutschen Freisinnigen Partei vereinigte. Von nun an stützte sich Bismarck vorrangig auf Deutschkonservative, Freikonservative und auf die verbliebenen Nationalliberalen, die ab 1887 zusammen als „Kartell" bezeichnet wurden. In seiner Reichstagsrede vom 9. Juli 1879 rechnete Bismarck mit den Linksliberalen ab. Die Einheit der Nation gehe vor der Entscheidung für Konstitutionalismus oder Absolutismus. Damit war endgültig der nationale Gedanke keine Waffe gegen den Obrigkeitsstaat mehr, sondern ein Instrument desselben.

Die Wähler in Preußen honorierten der Deutschen Konservativen Partei ihre bismarckfreundliche Politik. Bei den Wahlen zum preußischen Abgeordnetenhaus 1880 wurde sie mit 104 Mandaten erstmals stärkste Kraft. 1886 steigerte sie sich auf 132, 1894 auf 145 Sitze und konnte somit bis 1916 jeweils über 30 % der Mandate erringen. Im Reich hingegen wurden die regierungstreuen Kräfte bei den Wahlen Anfang der 1880er Jahre geschwächt, was Bismarck aber in seinem antiparlamentarischen Kurs nur noch bestärkte. Von nun ab wollte er – unabhängig von Parteien – eine verstärkte und direkte Staatsbindung der Bürger durch eine sozialfürsorgliche Politik erreichen. Das Programm hierzu gab er in seiner Reichstagsrede vom 5. Mai 1881 bekannt. Es folgten 1881 das Unfallversicherungsgesetz, 1883/4 das Unfall- und Krankenversicherungsgesetz und 1889 das Alters- und Invalidengesetz. Bei einigen dieser Gesetzesvorhaben stimmten sogar Abgeordnete des Zentrums für Bismarck. Das bot ihm ab 1884 die Gelegenheit, die zweite Kurskorrektur aus dem Gründungsprogramm der Deutschen Konservativen Partei vorzunehmen: Die Beendigung des Kulturkampfes, was im Mai 1886 mit den so genannten Friedensgesetzen tatsächlich erfolgte.

Nation

Die Vertreter der „*Deutschen Konservativen Partei*" verstanden „Nation" nicht als völkisch-kulturelle, sondern eher als rechtlich-politisch-historische Einheit. Sie betonten ein historisch verankertes Heimatempfinden, das in längerem Zusammenleben und Zusammenwohnen entstehe. Staatlich-politische Traditionen wie eine gemeinsame Staatsidee, gemeinsame wirtschaftliche Interessen, ein gemeinsames Heer und das Gefühl der Zusammengehörigkeit beeinflussten ihrer Meinung nach eine Gemeinschaft stärker als Sprache, Sitte und gemeinsame Kultur. Sie bezogen das alles aber in erster Linie auf Preußen und nicht auf das Deutsche Reich, was sie einen deutschvölkischen Nationenbegriff ablehnen ließ, wie er beispielsweise vom Alldeutschen Verband vertreten wurde.

Bismarck hatte seine Zusagen gegenüber den Hochkonservativen gehalten und die Deutsche Konservative Partei revanchierte sich dafür, indem sie – wie die Freikonservativen als „Partei Bismarcks sans phrase" auch – die Politik des Reichskanzlers uneingeschränkt mit trug. Der Parteivorsitzende der Deutschkonservativen sagte: „*In den letzten 10 Jahren der Regierung Kaiser Wilhelms I. unterstützte die Konservative Partei... durchgängig die Politik des Kanzlers. Auch solange Fürst Bismarck unter Kaiser Wilhelm II. im Amt blieb, blieb diese bewusste Unterstützung bestehen*". Es lag schließlich an den Nationalliberalen, dass das „Kartell" zerbrach: § 24 des Entwurfs zur erneuten Verlängerung des Sozialistengesetzes sollte die Ausweisung von Agitatoren aus ihren

Wohnorten gestatten, was den Nationalliberalen zu weit ging, während die Deutschkonservativen hierauf bestanden. Anfang Dezember 1889 wurde das Gesetz in der Reichstagskommission ohne § 24 mit Stimmen der Nationalliberalen und des Zentrums gegen die Stimmen sowohl der Deutsch- als auch der Freikonservativen angenommen. Da sich das „Kartell" auch bis zur dritten Lesung Ende Januar 1890 nicht einigen konnte, wurde das Gesetz im Reichstag abgelehnt; das „Kartell" war zerbrochen. Die daran beteiligten Parteien fielen bei den kommenden Reichstagswahlen im Februar 1890 von zusammen 223 auf 140 von insgesamt 397 Reichstagssitzen.

Im März 1890 wurde Bismarck als Reichskanzler entlassen. Ungeachtet der Frage, ob er selbst als „Konservativer" bezeichnet werden kann, prägte Bismarck während seines politischen Engagements zwischen 1847 und 1890 den Konservativismus wie kein zweiter: Anfangs galt er als Sprecher der Konservativen im Preußischen Landtag, formulierte zusammen mit Gerlach, Huber und Stahl konservative Positionen und gehörte zum engsten Mitarbeiterstab der *„Kreuzzeitung"*. In der Frage um die „Deutsche Union" entzweite Bismarck sich bereits 1849 für immer mit den Ultrakonservativen um Gerlach. Dieser bezog wegen der Revolution von oben 1866, wegen des Kulturkampfes 1871 und wegen der liberalen Wirtschaftspolitik 1875 Position gegen Bismarck. Mit den Hochkonservativen um Wagener liebäugelte Bismarck 1861 zunächst, machte sie sich ab 1866 mit den Ultrakonservativen zusammen zu Gegnern. Als er 1876 zur Revision seiner Wirtschafts- und Kirchenpolitik bereit war, söhnte Bismarck sich mit den Hochkonservativen aus; die Deutsche Konservative Partei wurde gegründet. Bei den gemäßigten Konservativen verlief der Prozess umgekehrt: Gegen die *„Wochenblatt"*-Konservativen hatte Bismarck in den 1850er Jahren zunächst agitiert, bevor diese als Freikonservative ab 1866 zur „Partei Bismarcks sans phrase" wurden.

Wenngleich Bismarck konservative Kräfte nur für seine eigenen Zwecke benutzt haben mag, so war während seiner Kanzlerschaft zumindest klar, dass Konservative stets eine wesentliche Rolle spielten. Das galt zumindest, nachdem die Ultrakonservativen Mitte der 1870er Jahre ihren parteipolitischen Einfluss eingebüßt hatten, für die Deutschkonservativen und die gemäßigten Freikonservativen. Diese Bismarck´sche Selbstverständlichkeit galt unter seinen Nachfolgern nicht mehr. Im Gegenteil: Im Reich schwand der Einfluss beider konservativer Parteien beinahe kontinuierlich: Die Reichskanzler Caprivi und Bülow stellten zwischen 1890 und 1894 bzw. zwischen 1900 und

1907 ihre „Politik des Burgfriedens" auf eine breite Basis unter Einschluss des Zentrums und der Linksliberalen. Zu anderen Zeiten wurden dauerhafte Bündnisse mit Konservativen angestrebt, die aber scheiterten: Unter dem Kanzler Hohenlohe-Schillingsfürst (1894-1900) scheiterte ein Bündnis zwischen Freikonservativen und Nationalliberalen, unter Bülow zwischen 1907 und 1909 ein Bündnis aus Konservativen und Liberalen und unter Bethmann-Hollweg (1909-1917) ein Bündnis aus Deutschkonservativen und dem Zentrum. Als Folge dessen gingen die Mandate der Deutsch- und der Freikonservativen – von jeweils einer Ausnahme je Partei abgesehen – ab 1890 kontinuierlich zurück. Die Entwicklung im Einzelnen:

Bismarcks Nachfolger als Reichskanzler und preußischer Ministerpräsident, Caprivi (1890-1894), betrieb eine „Politik des inneren Burgfriedens", für die er sich nicht nur auf die Konservativen und Nationalliberalen, sondern auch auf das Zentrum und die Linksliberalen stützen wollte. Sein Ziel war die Aussöhnung der Arbeiterschaft mit der Monarchie durch Fortschreiten in der Sozialpolitik. Das Sozialistengesetz setzte er 1890 außer Kraft, erließ 1891 ein Arbeiterschutzgesetz, führte eine progressive Einkommenssteuer ein und reformierte 1893 das preußische Dreiklassenwahlrecht. Bei der Abstimmung über Handelsverträge stimmten sogar erstmals Sozialdemokraten einer Regierungsvorlage zu. Je mehr die Basis für Caprivis Politik nach links wuchs, desto stärker bröckelte sie auf der rechten Seite: Eine Landgemeindereform in Preußen setzte Caprivi 1891 trotz Gegenstimmen hochkonservativer Dissidenten durch. Bei seiner Einkommenssteuerreform setzte er sich über Bedenken von Freikonservativen hinweg. Als er 1891 mit einem ersten Reformgesetz zu den Volksschulen an den Hochkonservativen und mit einem zweiten Entwurf an den Freikonservativen scheiterte, trat Caprivi als preußischer Ministerpräsident zurück, verblieb aber zunächst noch im Amt des Reichskanzlers.

Ende 1892 revidierten die Deutschkonservativen ihr Parteiprogramm zum neuen, so genannten Tivoli-Programm. Dessen oberste Grundsätze standen in der Kontinuität zum Gründungsprogramm der Partei von 1876: Hochachtung des Christentums, Einheit des Vaterlandes auf dem Boden der Reichsverfassung inklusive einer Monarchie von Gottes Gnaden, Beseitigung der Bevorzugung des großen Geldkapitals und Kampf gegen Sozialdemokratie und Anarchismus. Zu anderen, neueren Entwicklungen äußerten sich die Deutschnationalen erstmals programmatisch: Das neue Bürgerliche Gesetzbuch sollte deutschem Rechtsbewusstsein genügen; man sprach sich für eine maßvolle Kolonialpolitik aus und trat für eine Vereinfachung des Krankenkassenwesens, der Unfall-, Invaliditäts- und Altersversicherung ein. In einem Punkt hatte sich die Berliner Basis gegen die Parteileitung der Deutschnationalen durchgesetzt: Im Abschnitt über das Christentum wurde erstmals eine antisemitische Wendung in das Parteiprogramm aufgenommen. Die Befürworter dieses Punktes versprachen sich eingedenk der antisemitischen Stimmung in weiten Bevölkerungskreisen mehr Wählerstimmen. Tatsächlich blieb das Ergebnis für die Deutschnationalen bei den Reichstagswahlen 1893 für sie die einzige Ausnahme vom kontinuierlichen Abwärtstrend: Gegenüber der letzten Wahl gewann man 1,1 Prozentpunkte hinzu.

Nach dem guten Abschneiden der Sozialdemokraten bei den Reichstagswahlen 1893 und nach der Ermordung des französischen Präsidenten durch einen Anarchisten 1894 forderten insbesondere Konservative doch wieder ein Sondergesetz gegen die „Umsturzpartei", dem sich Caprivi widersetzte. Für zusätzliches Konfliktpotential sorgte die Frage, ob die Schutzzölle für landwirtschaftliche Produkte gesenkt werden sollten. Hierbei kam es innerhalb der Freikonservativen zum Richtungsstreit: Teile der Fraktion waren für die Senkung, der Parteivorsitzende dagegen. Diese Zerstrittenheit schwächte zwar „nur" Teile der Konservativen, aber zu Zeiten Caprivis konnte es sich ein Reichskanzler noch nicht erlauben, dauerhaft gegen Konservative regieren zu wollen. Der Kaiser entließ Ende Oktober 1894 Caprivi als Reichskanzler und Eulenburg als preußischen Ministerpräsident. Unter deren Nachfolger, Chlodwig Fürst zu Hohenlohe-Schillingsfürst (1894-1900), sprach zunächst alles dafür, dass der Einfluss der Konservativen zumindest erhalten bleiben könnte: Der neue Reichskanzler wollte sich stärker auf die politischen Kräfte Mitte-Rechts stützen und versprach, schärfer gegen „sozialdemokratische Umtriebe" vorzugehen.

Tatsächlich nahm aber der Einfluss der konservativen Parteien allmählich ab, weil es für den jeweils amtierenden Reichskanzler immer schwieriger wurde, die bürgerlichen Parteien unter einen Hut zu bekommen. Gesetzesvorschläge von Hohenlohe-Schillingsfürst scheiterten immer wieder, weil sich Freikonservative und Nationalliberale während seiner gesamten Kanzlerschaft nicht auf eine gemeinsame Linie einigen konnten. So fiel 1897 eine Novelle des preußischen Vereinsgesetzes durch, das die Polizei mit erheblichen Vollmachten ausstatten sollte. Auch die so genannte Zuchthausvorlage, welche die Behinderung von Arbeitswilligen durch Streikende unter hohe Strafe stellen sollte, wurde 1899 im Reichstag glatt abgelehnt. Hohenlohe-

Schillingsfürst trat zurück. Sein Nachfolger Bülow (1900-1909) wollte auf ein großes informelles Bündnis setzen, bestehend aus Deutsch- und Freikonservativen, Nationalliberalen und dem Zentrum. Doch er stand vor ähnlichen Problemen wie sein Vorgänger: Bei der Berggesetznovelle von 1905 scherten die Deutschkonservativen aus dem Bündnis aus; bei der Einführung der Reichstagsdiäten 1906 waren es Teile der Freikonservativen, die dagegen stimmten.

Abbildung 9:   Ergebnisse der Reichstagswahlen von 1871 bis 1918

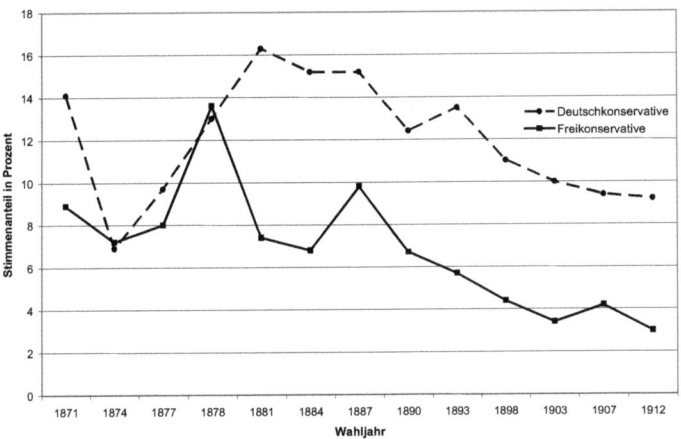

Der Stimmenanteil der Deutschkonservativen ging kontinuierlich zurück: Von 13,5 Prozent 1893 auf 9,2 Prozent 1912. Entsprechendes galt für die Freikonservativen: Sie schrumpften von 6,7 Prozent 1890 auf 3,0 Prozent 1912. Eine Ausnahme von dieser Entwicklung bildete bei den Freikonservativen lediglich das Jahr 1907. Das breite Bülow-Bündnis war im Dezember 1906 zerbrochen, weil Sozialdemokraten und das Zentrum einen kolonialen Nachtragshaushalt ablehnten. Mit dessen Hilfe sollte die Niederwerfung aufständischer Hereros und Hottentotten in Deutsch-Südwestafrika finanziert werden. Bülow löste den Reichstag auf und gab für die Neuwahlen die Parole „Kampf gegen Zentrum und Sozialdemokratie" aus. Bei den „Hottentottenwahlen" 1907 gewannen die liberalen und konservativen Parteien zusammen eine Mehrheit der Reichstagssitze. Diese Konstellation bildete den so genannten „Bülow-Block" und brachte den konservativen

Parteien kurzzeitig entscheidenden Einfluss zurück. Der Bülow-Block brach aber bereits 1909 wieder auseinander, einerseits wegen einer geplanten Wahlrechtsreform für Preußen, andererseits wegen einer beabsichtigten Reichsfinanzreform. Bülow trat als Reichskanzler zurück; die letzte Gelegenheit für ein liberal-konservatives Bündnis während des Kaiserreichs war vertan.

Während dieser letzten Auseinandersetzung war es zu einer Annäherung von Zentrum und Deutschkonservativen zu einem so genannten „schwarz-blauen Block" gekommen. Die bürgerlich-liberale Öffentlichkeit reagierte verbittert auf diesen Tabubruch. Der neue Reichskanzler Bethmann-Hollweg (1909-1917) machte sich hingegen diese neue Konstellation als „Politik der Diagonalen" zunutze. Unter diesen Vorzeichen war eine Neuauflage der konservativ-liberalen Sammlungspolitik auf absehbare Zeit nicht mehr zu erwarten. Teile des liberalen Spektrums verschoben sich nach links, und 1910 schlossen sich die drei linksliberalen Parteien zur Fortschrittlichen Volkspartei zusammen. Für die Freikonservativen wurde der Spagat zwischen dem schwarz-blauen Block einerseits und den stärker nach links rückenden Nationalliberalen immer schwieriger; zum Schluss saßen sie zwischen allen Stühlen: Ein Entwurf zur Reform des preußischen Wahlrechts, geheime Urwählerwahl bei Beibehaltung der indirekten Wahl, wurde von Zentrum und Deutschkonservativen gegen die Freikonservativen unterstützt. Bezüglich des Entwurfs einer elsaß-lothringischen Verfassung waren die Freikonservativen 1911 erstmals bereit, im Reichstag mit den Sozialdemokraten gegen die Deutschkonservativen zu stimmen.

Bei den Reichstagswahlen 1912 bekamen beide konservative Parteien ihre Quittung: Die Freikonservativen errangen nur noch 14 von 397 Mandaten und verloren zunächst den Fraktionsstatus, den sie erst durch den Zusammenschluss mit Abgeordneten anderer Parteien zu einer „Deutschen Fraktion" als Teil eines größeren Ganzen wiedererlangen konnten. Die Deutschkonservativen sanken von 60 auf 43 Mandate. Da realistische Bündnisse nicht mehr in Sicht waren, folgten sie den Freikonservativen in die Isolation: Gegen die Stimmen der Deutschkonservativen wurde Ende Juni 1913 eine progressive Reichsvermögenszuwachssteuer beschlossen. Und als eine überwältigende Mehrheit des Reichstags im Dezember 1913 dem Reichskanzler das Misstrauen ausspricht, unterstützen nur die Konservativen den Regierungschef. Doch schon bald schien der Erste Weltkrieg die Konservativen wieder in den Mittelpunkt der Politik zurück zu bringen: Ende Juli

1914 wurde die gesamte vollziehende Gewalt in die Hände der Kommandierenden Generäle gelegt. In der Reichstagssitzung am 4. August 1914 wurde ein „Burgfrieden" geschlossen; der Kaiser verkündete: „*Ich kenne keine Parteien mehr, ich kenne nur noch Deutsche.*" Das kam zum einen der Parteienskepsis der Konservativen entgegen, zum anderen schien klar, wer die besseren Deutschen waren.

Letzteres war nicht mehr so unumstritten wie in früheren Zeiten, als Bismarck die Sozialdemokraten „Reichsfeinde" nannte bzw. der Kaiser von ihnen als „vaterlandslose Gesellen" sprach. Die SPD war einst als revolutionäre Partei gestartet. Seit den 1890er Jahren entwickelten sie sich allmählich zur Reformpartei. Durch den wirtschaftlichen Aufschwung ab 1895 ging es allen Klassen ständig besser; der Klassenkampf verlor an Schärfe. In der so genannten „Revisionismusdebatte" überlegte die SPD, ob das Kaiserreich nicht besser aus dem Bestand heraus verändert werden solle, statt es durch eine Revolution beseitigen zu wollen, um etwas völlig Neues zu errichten. Programmatisch blieb diese Debatte lange Zeit offen. Durch den Beginn des Ersten Weltkriegs wurde die SPD zur Entscheidung gezwungen: Wollte man das Kaiserreich immer noch mittels einer Revolution stürzen, gäbe es kaum einen besseren Moment als den Krieg, da wesentliche Kräfte des Systems gebunden waren. Ginge es um eine Reform des Kaiserreichs, dann müsste man es im Krieg unterstützen, damit überhaupt noch etwas übrig bliebe, was man in seinem Sinne würde verändern können. In einer längeren Sitzung beriet die SPD-Reichstagsfraktion am 3. August 1914, ob sie die beantragten Kriegskredite am nächsten Tag bewilligen solle oder nicht. Bei 14 Gegenstimmen votierten sie mit großer Mehrheit dafür. Die SPD hatte ihren Frieden mit dem Kaiserreich gemacht; Vaterlandsliebe konnten die Konservativen nicht länger nur für sich beanspruchen.

Mit der Zustimmung zu den Kriegkrediten war die SPD zu einem „normalen" Faktor der Reichspolitik geworden. Anlässlich der Kriegszieldebatte bildeten sich im Reichstag ab 1916 zwei Parteigruppen heraus: Konservative und Rechtsliberale befürworteten eine offensive Strategie und strebten Eroberungen an; Sozialdemokraten, Linksliberale und Zentrum standen für eine defensive Strategie und wollten einen Verständigungsfrieden auf Grundlage der Vorkriegsgrenzen. Diese Debatte wurde mit großer Verbitterung geführt und vertiefte die inneren Gegensätze in Deutschland. Wesentlich für die weitere innenpolitische Entwicklung war hierbei, dass sich das Zentrum links von dieser Scheidelinie verortete. So sorgte es im Oktober 1916 für eine linke Reichstagsmehrheit, um den Haushaltsausschuss des Reichstages zu einem ständigen Hauptausschuss umzuwandeln. Dieser sollte auch zwischen den Tagungen des Reichstages tätig sein und den Einfluss des Parlaments auf die Außenpolitik erhöhen. Außerdem wurde ein Verfassungsausschuss gebildet, der eine Demokratisierung des Wahlrechts in Preußen und eine stärkere Parlamentarisierung des Reichs vorbereiten sollte. Konservative und Rechtsliberale sprachen sich gegen diese Entwicklung aus. Was aus dem Kaiserreich werden würde bzw. welche Parteiengruppe aus dem Krieg gestärkt hervorgehen würde, hing wesentlich von dessen tatsächlichem Ausgang ab.

Während innenpolitisch der Einfluss der linken Reichstagsmehrheit immer stärker zunahm, wurde das Reich außenpolitisch faktisch durch eine Militärdiktatur der Obersten Heeresleitung geführt. Im August 1916 wurde die bisherige Führung wegen ihres zu defensiven Vorgehens ausgetauscht gegen zwei Militärs, die einen vollständigen Sieg anstrebten: Paul von Hindenburg und Erich Ludendorff. Nach der Oktoberrevolution 1917 in Russland schloss man mit dem Kriegsgegner im Osten Anfang 1918 den Siegfrieden von Brest-Litowsk. Jetzt konnte man sich auf den Einfrontenkrieg im Westen konzentrieren: Es erfolgten mehrere Offensiven zwischen März und Juli 1918, die alle nach anfänglichen Erfolgen zusammenbrachen. Ein weiteres Mal hatte sich gezeigt, dass beim Stand der damaligen Kriegstechnik die Verteidigung dem Angriff überlegen war. Mitte Juli 1918 wusste die deutsche Militärführung, dass der Krieg nicht mehr gewonnen werden konnte. Ende September drohte der militärische Zusammenbruch. Das Volk ging hingegen immer noch von einem sicheren Sieg aus, zu optimistisch klangen stets die Heeresberichte.

Die Militärführung hielt ein sofortiges Waffenstillstandsgesuch für notwendig. In dieser Situation kam Ludendorff der Gedanke, die Verantwortung für die Niederlage müsse vielleicht nicht das Militär übernehmen, sondern könnte der linken Reichstagsmehrheit untergeschoben werden. Diese tappte in die „Falle": Deren Forderungen nach Parlamentarisierung der Regierung und Demokratisierung des preußischen Wahlrechts wurden seitens der Militärführung akzeptiert. Daraufhin bildete der liberale Aristokrat Prinz Max von Baden eine Regierung mit sozialdemokratischen, linksliberalen und Zentrumsministern. Diese verkündete am 3. Oktober 1918 ein Waffenstillstands- und Friedensgesuch. Amerika als Kriegsgegner bestand aber darauf, dass der deutsche Kaiser als Voraussetzung eines Friedensschlusses abdanken müsse. Erst jetzt begann in Deutschland eine Kaiserdebatte; alle vorherigen Pläne zur Parlamentarisierung und Demokratisierung waren von der Fortexistenz einer Monarchie ausgegangen. Ende Oktober 1918 standen sich wieder die zwei Parteigruppen gegenüber: Konservative und Rechtsliberale plädierten für einen letzten Verzweiflungskampf, um die Monarchie zu retten; Sozialdemokraten, Linksliberale und Zentrum befürworteten die fast bedingungslose Kriegsbeendigung.

In dieser Situation beschloss die Marineleitung, ohne die zivile Reichsregierung darüber zu informieren, eine Entscheidungsschlacht zu See. Für eine Fortsetzung des verlorenen Krieges waren die deutschen Matrosen aber nicht mehr bereit. Als den Meuterern die Todesstrafe drohte, kam es zu einer großen Matrosenrevolte, die sich Anfang November zu einer deutschlandweiten Revolution auswuchs. Die Bevölkerung war kriegsmüde, Kaiser hin oder her. Am 9. November 1918 lud die Oberste Heeresleitung 39 kommandierende Frontoffiziere ins Hauptquartier, um sich darüber berichten zu lassen, ob das Heer im Falle eines Waffenstillstands bereit sei, für den Kaiser bzw. notfalls gegen das eigene Volk zu kämpfen. Das einhellige Urteil der Militärführung lautete Nein. Der amtierende Kaiser, Wilhelm II., floh nach Holland. Das schloss eine Fortsetzung der Monarchie mit einem anderen Regenten aber noch nicht aus. Allerdings hatten mittlerweile alle anderen deutschen Fürsten, die Könige von Bayern, Sachsen, Württemberg sowie die Großherzoge und Herzoge abgedankt. Ausgerechnet ein Sozialdemokrat, Friedrich Ebert, bat Prinz Max von Baden, als so genannter „Reichsverweser", eine Art Platzhalter, die Möglichkeit einer Weiterführung der Monarchie offen zu halten. Dieser lehnte ab.

Bis 1918 war das Deutsche Reich in der Verfassungstheorie und im Bewusstsein der Deutschen immer noch der Staat gewesen, als der er 1871 gegründet worden war: Eine bundesstaatliche Monarchie mit starker preußischer Vorherrschaft und einer halbparlamentarischen Verfassung. Der 9. November 1918 änderte das alles. Die Monarchie hatte in Deutschland aufgehört zu existieren. Die von den Konservativen favorisierte Staatsform war somit sang- und klanglos verschwunden. Aus konservativer Sicht war das schlimm; schlimmer war jedoch, wie sie unterging: Nicht durch Revolution, nicht durch die politische Linke, sondern selbstverschuldet durch die mangelnde Bereitschaft sowohl der Fürsten als auch der Militärführung. Das wirkte traumatisch auf Konservative und sollte sie auch für die kommenden Jahre hinsichtlich der Frage, welche Staatsform zu bevorzugen sei, orientierungslos machen. Der fehlenden Verantwortungsbereitschaft bei den alten Eliten stand ein Pflichtbewusstsein auf der politischen Linken gegenüber. Der Sozialdemokrat Friedrich Ebert übernahm am 9. November das Amt des Reichskanzlers. Deutschland stand nun vor der Frage, ob aus ihm eine parlamentarische Demokratie oder eine Räterepublik werden würde. Für Konservative war das die Entscheidung zwischen Pest und Cholera.

3.5. Literatur

Für die Phase, als der Konservativismus in Deutschland zu einer politischen Bewegung wurde, sind zunächst die Schriften von Huber einschlägig, die – eine der seltenen Ausnahmen bei Primärquellen des Konservativismus – in einem Sammelband von Treue / Kaufhold relativ leicht zu erschließen sind. Ansonsten ist an herausragenden Monographien nur noch auf die Schrift von Wagener hinzuweisen. Die Gründungs- bzw. Wahlaufrufe sowie die Programme deutscher Parteien lassen sich am besten bei Mommsen nachschlagen. Hier findet man neben dem Gründungsprogramm der Kreuzzeitung von 1848 und dem Aufruf der Konservativen zu den preußischen Landtagswahlen von 1863 die entscheidenden Dokumente sowohl für die Freikonservativen, von ihrem Wahlaufruf 1867 bis zu ihren Leitsätzen von 1907, als auch für die Deutschkonservativen, von ihrem Gründungsaufruf 1876 über ihr revidiertes Tivoli-Programm von 1892 bis zu ihrem Wahlaufruf von 1906.

- **Huber**, Viktor Aimé: Über die Elemente, die Möglichkeit oder die Notwendigkeit einer konservativen Partei in Deutschland (1842). Und: Grundzüge eines konservativen Programms (1845-48). Und: Die konservative Presse. In: Wilhelm Treue / Karl Heinrich Kaufhold (Hrsg.): Viktor Aimé Huber. Ausgewählte Schriften über Sozialreform und Genossenschaftswesen. Hrsgg. v. K. Munding. Frankfurt/M. 1990 (Keip Verlag). S.41-95; S.148-190 bzw. S.202-240.
- **[Wagener**, Hermann] annonym: Grundzüge der conservativen Politik. Berlin 1856 (Druck von F. Heinicke).
- **Mommsen**, Wilhelm (Hrsg.): Erster Teil: Vom Vormärz bis zum Ausgang des Ersten Weltkrieges. I. Die Konservativen Gruppen. In: Ders. Deutsche Parteiprogramme. München 1960 (Isar Verlag). S.9-91.

Hinsichtlich der Sekundärliteratur ist für die Anfangsphase einer (partei)politischen Bewegung des Konservativismus auf das Werk von Schwendtker verwiesen. Nachdem sich einzelne konservative Parteien herausgebildet haben, ist für die Freikonservative Partei für die Zeit nach 1890 das Werk von Alexander einschlägig. Für die Zeit vor 1890 musste sich auch Alexander noch auf den Fricke-Aufsatz von 1970 aus einem DDR-Handbuch stützen. Wer Näheres über die Deutschkonservative Partei erfahren möchte, muss sich entweder mit dem älteren Werk von Bruns begnügen oder muss auf der Suche nach neuerer Literatur – für die Konservativismusforschung in Deutschland bezeichnend – das englischsprachige Werk von Retallack lesen.

- **Schwendtker**, Wolfgang: Konservative Vereine und Revolution in Preußen 1848/49. Die Konstituierung des Konservativismus als Partei. Düsseldorf 1988 (Droste Verlag).
- **Fricke**, Dieter: Reichs- und freikonservative Partei (RFKP) 1867-1918. In: Redaktionskollektiv unter der Leitung von Dieter Fricke (Hrsg.): Die bürgerlichen Parteien in Deutschland. Handbuch der Geschichte der bürgerlichen Parteien und anderer bürgerlicher Interessenorganisationen vom Vormärz bis zum Jahre 1945. Zwei Bände. Leipzig 1970 (VEB Bibliographisches Institut Leipzig). Bd.II, S.561-579.
- **Alexander**, Matthias: Die Freikonservative Partei 1890-1918. Gemäßigter Konservatismus in der konstitutionellen Monarchie. Düsseldorf 2000 (Droste Verlag).
- **Bruns**, Hans: Die Deutschkonservative Partei. Preußischer Charakter, Reichsauffassung, Nationalbegriff. Düsseldorf 1954 (Droste Verlag).
- **Retallack**, James N.: Notables of the Right. The Conservative Party and Political Mobilization in Germany, 1876-1918. Boston 1988 (Unwin Hyman).

Als weiterführende Literatur über den Konservativismus im 19. Jahrhundert ist neben Ribhegge der Sammelband von Stegmann empfehlenswert. Hierin finden sich jeweils zwei Aufsätze über den Beginn konservativer Parteigründungen um 1847/8 bzw. zwischen 1849/52 sowie über den Konservativismus in der Phase nach Bismarck. Hilfreich sind des Weiteren die Aufsatzsammlungen über konservative Denker und Politiker mit dem Schwerpunkt „19. Jahrhundert", herausgegeben von Heidenreich bzw. Kraus. Über die Entwicklung konservativer Parteiorganisation kann man Relevantes bei Nipperdey nachlesen, während von Gall die Perspektive auf Bismarck als Revolutionär stammt und Haffner zur Lektüre für den historischen Hintergrund zu empfehlen ist.

- **Ribhegge**, Wilhelm: Konservative Politik in Deutschland – Von der Französischen Revolution bis zur Gegenwart. Darmstadt ²1992 (Wissenschaftliche Buchgesellschaft).
- **Stegmann**, Dirk / Bernd-Jürgen Wendt / Peter-Christian Witt (Hrsg.): Deutscher Konservatismus im 19. und 20. Jahrhundert. Festschrift für Fitz Fischer. Bonn 1983 (Verlag Neue Gesellschaft).
- **Heidenreich**, Bernd (Hrsg.): Politische Theorien des 19. Jahrhunderts. Bd.I: Konservatismus. Wiesbaden 1999 (Hessische Landeszentrale für politische Bildung).
- **Kraus**, Hans-Christof: Konservative Politiker in Deutschland. Eine Auswahl biographischer Porträts aus zwei Jahrhunderten. Berlin 1995 (Duncker & Humblot).
- **Nipperdey**, Thomas: Die Konservativen. In: Ders.: Die Organisation der deutschen Parteien vor 1918. Düsseldorf 1961 (Droste Verlag). S.241-264.
- **Gall**, Lothar: Bismarck. Der weiße Revolutionär. Frankfurt/M., Berlin, Wien 1980 (Propvläen).
- **Haffner**, Sebastian: Von Bismarck zu Hitler. Ein Rückblick. München 1989 (Droemersche Verlagsanstalt Th. Knaur).

4. Konservative Reaktionen auf deutsche Geschichte (1918-1949)

In seiner Hochphase zwischen 1830 und 1918 hatte sich der Konservativismus in Form von Parteien organisiert und parteiprogrammatisch positioniert. Seine wesentlichen Ziele hatten darin bestanden, die halbparlamentarisch verfasste Monarchie vor weiteren Veränderungen zu bewahren. Als 1918 die Monarchie durch eine Republik abgelöst wurde, schloss sich für den Konservativismus eine Phase der Orientierungslosigkeit an. Wie Unterkapitel 4.1. zeigt, verharrte die neu gebildete konservative Sammlungspartei, die DNVP, zunächst in grundsätzlicher Opposition zum neuen System. Konservative arbeiteten dann ab 1925 mit und spalteten sich schließlich ab 1928 anlässlich der Streitfrage „Fundamentalopposition oder Regierungsbeteiligung". Versuche der Neuorientierung des Konservativismus blieben ohne Erfolg: Die 1930 kurzzeitig gegründete „*Konservative Volkspartei*" erhielt kaum Unterstützung vom Wähler; der Vorsitzende des „*Hauptverein der Konservativen*" konnte es nicht verhindern, dass Adolf Hitler zum Reichskanzler ernannt und das Ermächtigungsgesetz auch mit Stimmen Konservativer beschlossen wurde. Im Juli 1933 wurden alle anderen Parteien außer derjenigen Hitlers verboten; dieser übernahm im Spätsommer 1934 auch noch die Funktionen des Reichspräsidenten und des Oberbefehlshabers der Reichswehr.

Unterkapitel 4.2. erörtert, dass es eine einheitliche Einstellung der Konservativen zum Führerstaat Adolf Hitlers und dessen nationalsozialistischen Massenbewegung nicht gab. Angesichts Hitlers außen- und wirtschaftspolitischer Erfolge bis 1938 wurden auch viele Konservative zu Hitleranhängern. Selbst die Abschaffung der Demokratie im Innern, war für Konservative nicht unbedingt ein Verlust. Die Relativierung des Rechtsstaates aber, die für jedermann offensichtlich im Spätsommer 1934 durch die Ermordung politischer Konkurrenten auch aus dem konservativen Lager erfolgte, durfte nicht akzeptiert werden. Wer danach immer noch stillhielt und sich anpasste, musste seinen konservativen Prinzipien abschwören. Andere Konservative, die sich mit Hitlers Weltanschauung auseinandergesetzt hatten oder dessen Politik ab 1938 kritisch bewerteten, wählten den Widerstand. Viele von ihnen kamen im Zusammenhang mit dem gescheiterten Staatsstreich vom 20. Juli 1944 ums Leben. Dieser Aderlass sollte den Konservativismus stark schwächen, auch für die Zeit nach 1945. Im Unterkapitel 4.3. wird dargestellt, dass auch die Bedingungen, welche die Siegermächte im besetzten Nachkriegsdeutschland schufen, das Entstehen einer einflussreichen konservativen Partei verhinderten. Außerhalb der CDU gab es für Konservative kaum eine Alternative. Die Entwicklung im Einzelnen:

4. 1. Versuch einer konservativen Sammlungspartei (1918-1933)

Aus den revolutionären Wirren von 1918/19 ging schließlich die Weimarer Republik (1919-1933) hervor, die erste parlamentarische Demokratie in Deutschland. Artikel 1 der Verfassung bestimmte kurz und knapp: „Das Deutsche Reich ist eine Republik. Die Staatsgewalt geht vom Volke aus." Sie sah weiterhin das allgemeine, gleiche, unmittelbare und geheime Wahlrecht vor. Der Reichskanzler und seine Regierung waren von der Zustimmung des Reichstages abhängig. Neben dem Reichstag gab es als zweites Machtzentrum das Amt des Reichspräsidenten. Dieser wurde ebenfalls direkt vom Volk gewählt. In Situationen, in denen die öffentliche Sicherheit und Ordnung erheblich gestört oder gefährdet waren, durfte er gemäß Artikel 48 der Verfassung alle nötigen Maßnahmen ergreifen, um für Ruhe und Ordnung zu sorgen. Notfalls konnte das mit Hilfe des Militärs geschehen. Erlaubt waren in diesem Zusammenhang ausdrücklich auch die vorübergehende Außerkraftsetzung von Grundrechten wie die Meinungs-, die Versammlungs- und die Vereinigungsfreiheit. Während also grundsätzlich das Prinzip der Volkssouveränität galt, das durch den Reichstag repräsentiert wurde, verfügte der Reichspräsident über eine vorrangige Souveränität im Ausnahmezustand.

Die Weimarer Republik startete mit der schweren innenpolitischen Hypothek, sich nicht auf eine Mehrheit von überzeugten Republikanern stützen zu können. Dass die Konservativen und die Rechtsliberalen die republikanische Staatsform grundsätzlich ablehnten, ergab sich aus deren programmatischer Vorgeschichte. Zusätzlich hatte sie von Anfang an aber auch eine dauerhafte Gegnerschaft von links. Wie berichtet, war die Entscheidung innerhalb der SPD, dem Kaiserreich Kriegskredite zu bewilligen, 1914 „nur" mehrheitlich getroffen worden. Nach einer längeren innerparteilichen Auseinandersetzung spaltete sich die Minderheit 1917 unter dem Namen „Unabhängige Sozialdemokratische Partei" (USPD) von den Mehrheitssozialdemokraten ab. Während der Revolution 1918/19 standen die Linksabweichler auf Seiten der Revolutionäre. Der Mehrheitssozialdemokrat Ebert wollte als Reichskanzler möglichst schnell für Ruhe und Ordnung sorgen und ließ die Revolution blutig beenden. Diese Vorgeschichte machte eine Zusammenarbeit von Mehrheitssozialdemokraten und Linksabweichlern mittelfristig unmöglich. Schließlich erwuchs der Weimarer Republik auch von rechts außen eine dauerhafte Gegnerschaft. Unter dem Stichwort „konservative Revolution" handelte es sich allerdings um eine publizistische, nicht um eine parteipolitische Bewegung. Als uneingeschränkte Befürworter der Weimarer Republik konnten demnach nur die Mehrheitssozialdemokraten, Linksliberale und Zentrum gelten; diese Basis entpuppte sich als zu schmal.

„Konservative Revolution"

Der Begriff findet sich erstmals 1921 in einem Nietzsche-Essay von Thomas Mann, wird aber erst 1927 durch einen Vortrag von Hugo von Hofmannsthal populär. Als Vertreter der „konservativen Revolution" gelten u. a Oswald Spengler, Moeller van den Bruck, Carl Schmitt und Edgar J. Jung. Als klassisches Zitat für das Selbstverständnis dieser Richtung, steht das Wort von Moeller van den Bruck, es gelte „*Dinge zu schaffen, die zu erhalten sich lohnt*". Ansonsten vertraten die genannten Autoren sehr unterschiedliche Positionen. Von einer klar umrissenen Richtung kann kaum gesprochen werden; ihr konservativer Gehalt lässt sich deshalb schwer bestimmen.
Umstritten ist ebenfalls die Frage, wie das Verhältnis der „konservativen Revolution" zu den extremen Nationalsozialisten einzuschätzen ist. Moeller van den Bruck starb bereits 1925; Edgar J. Jung wurde im Zusammenhang mit den staatsterroristischen Aktionen der Nationalsozialisten um den 30. Juni 1934 erschossen.

Während der Weimarer Republik verfestigte sich das Parteienspektrum, wie es sich ab 1916 anlässlich der Debatten über Kriegsziele und Kaiser herausgebildet hatte. Ein Versuch, die liberalen Parteien zusammenzufassen, misslang. Die früheren Parteien lebten unter neuen Namen fort: Die Linksliberalen bildeten die Deutsche Demokratische Partei (DDP), die Nationalliberalen die Deutsche Volkspartei (DVP). Die Deutschkonservativen hatten ihr Programm überarbeitet und eigentlich für den 11. November 1918 die anderen Rechtsparteien – die Freikonservativen und die kleineren Christlich-Sozialen sowie Deutschsozialen – eingeladen, um über ein gemeinsames Vorgehen zu beraten. Das Treffen fiel wegen der Ereignisse vom 9. November dann aber aus. Erst anlässlich der Beerdigung eines konservativen Politikers kamen die Spitzen der konservativen Gruppierungen eher zufällig zusammen und formulierten spontan den Gründungsaufruf für die Deutschnationale Volkspartei (DNVP). Der Begriff „konservativ" tauchte dann allerdings weder im Namen noch im Programm dieser Sammlungspartei auf. Nichtsdestotrotz empfahl der Parteivorstand der Deutschenkonservativen am 4. Dezember 1918 seinen Anhängern die Mitarbeit in der DNVP. Der Hauptausschuss der Freikonservativen Partei forderte am 13. Dezember 1918 ihre Anhänger auf, der DNVP beizutreten.

Organisatorisch stellte ein solcher Zusammenschluss keine große Herausforderung dar. Noch bis 1906 kannten weder Deutsch- noch Freikonservative eine feste, hierarchisierte außerparlamentarische Parteiorganisation. Lediglich vor Wahlen wurden jeweils Ausschüsse eingerichtet, die u. a. einen Wahlaufruf formulierten. Auf dem ersten Parteitag der Freikonservativen im Oktober 1906 hatte ihr Vorsitzender zwar gefordert, mit dem Aufbau einer Parteiorganisation zu beginnen; diese Vorarbeiten waren aber bis 1918 noch nicht all zu weit gediehen. 1920 wurden nun die Grundsätze der neuen Partei, der DNVP formuliert. Sie zeigten, dass sich diese Gruppierung nicht mit den neuen Verhältnissen abfinden wollte. Zwar wurde zugestanden, dass der gewählten Volksvertretung eine entscheidende Mitwirkung bei der Gesetzgebung und wirksame Aufsicht über Politik und Verwaltung gebühre. Diese sollte aber ergänzt werden durch eine Vertretung, die auf einem, nach Berufen gegliederten Aufbau der wirtschaftlichen und geistigen Arbeit beruht. Außerdem strebte man für das Reich die Erneuerung des deutschen Kaisertums an, welches das deutsche Volk auf den Gipfel staatlicher Macht geführt habe. Nur durch feindliche Übermacht und eigene Schuld sei das Kaisertum jäh zerbrochen. Dann habe die Revolution als große Verbrecherin die Sittlichkeit, die Staatsordnung und die Wirtschaft zertrümmert. Deshalb trete die DNVP für die Freiheit des deutschen Volkes von fremder Zwangsherrschaft und für die Änderung des Versailler Vertrages ein.

Neben einer klaren innenpolitischen Opposition zum republikanischen System definierte sich die DNVP außenpolitisch durch die eindeutige Ablehnung des Versailler Vertrages. Dieser war am Ende des Ersten Weltkrieges von den Siegermächten ohne Beteiligung Deutschlands ausgehandelt worden. Er regelte, wie viel Deutschland als Wiedergutmachung an die Siegermächte in Form von so genannten „Reparationen" zahlen musste. Der Vertrag forderte außerdem von Deutschland erhebliche Gebietsabtretungen, reduzierte dessen Militär bzw. Rüstung und forderte das Eingeständnis, dass Deutschland die alleinige Kriegsschuld habe. Die neue Führung der Republik war gezwungen, den Versailler Vertrag zu unterzeichnen. Dafür wurden sie insbesondere von Seiten der DNVP als „Erfüllungspolitiker" beschimpft. Für die DNVP gehörten seitdem die innen- und die außenpolitische Ablehnung des neuen Systems zusammen. Diese Oppositionshaltung reichte aber auf Dauer nicht aus, um den innerparteilichen Zusammenhalt der DNVP zu sichern. Ein Teil der Deutschkonservativen beteiligten sich nur unter Vorbehalt, weshalb ihre Partei nominell auch nach 1918 noch als „Hauptverein der Konservativen" weiter bestand. Einige Freikonservative traten bereits im Mai 1920 von der DNVP zur nationalliberalen DVP über. Die Deutsch-Völkischen schieden im Sommer 1923 sogar ganz aus.

In den Anfangsjahren der Weimarer Republik lehnte es die DNVP grundsätzlich ab, sich in irgendeiner Form bei der Erfüllung der Reparationszahlungen zu beteiligen, weil dadurch der Versailler Vertrag akzeptiert würde. Das Londoner Abkommen von 1924 regelte die Reparationsfrage neu: Der so genannte „Dawes-Plan" sah vor, dass die Reparationen auf festgelegte Raten begrenzt und Auslandskredite gewährt würden. Angesichts dieser Neuregelung begann die DNVP erstmals zu wanken, ob man Reparationszahlungen weiterhin aus prinzipiellen Gründen ablehnen solle oder ob man einer relativ günstigen Regelung zustimmen wolle. Offensichtlich wurde diese innerparteiliche Auseinandersetzung bei der dritten Lesung der Dawes-Gesetze: Hierbei fiel die Fraktion bei der Abstimmung auseinander: 48 stimmten für, 52 gegen deren Annahme. Diese innerparteiliche Diskussion wurde noch durch eine zweite Entwicklung verstärkt: Der sozialdemokratische Reichspräsident Ebert war im Februar 1925 gestorben und Hindenburg, der einstige Militärführer der kaiserlichen Armee, wurde zu dessen Nachfolger gewählt. Daraufhin trat die DNVP noch im selben Jahr erstmals während der Weimarer Republik in eine Reichsregierung ein. Mit einer Unterbrechung blieb sie an der Regierung beteiligt bis zu den Reichstagswahlen von 1928.

Solange die DNVP die Weimarer Republik grundsätzlich ablehnte, wurde ihr das von ihrer Wählerschaft honoriert: Sie stieg bei den Reichstagswahlen zwischen 1920 und 1924 von 15,1 auf 20,5 Prozent. Mit 103 Mandaten wurde sie hinter der SPD zur zweitstärksten Fraktion im Reichstag. Ihre Regierungsbeteiligung nach 1925 goutierten ihre Wähler und Anhänger der DNVP nicht: 1928 verlor sie im Vergleich zu den Vorwahlen ein Viertel ihrer Prozentpunkte und ihrer Mandate. Angesichts dieser Verluste zerbrach die DNVP an der Frage, ob sie zu ihrer alten Fundamentalopposition gegenüber der Republik zurückkehren solle oder nicht. Letzteres befürwortete der parlamentarische Geschäftsführer der DNVP-Reichstagsfraktion, der neben Monarchisten nun auch Republikaner zum Parteieintritt aufrief. Daraufhin beantragten die Anhänger eines erneuten Kurswechsels dessen Parteiausschluss. Der bisherige Parteivorsitzende der DNVP, Kuno Graf von Westarp, trat daraufhin zurück. Zu seinem Nachfolger wurde der radikale Alfred Hugenberg gewählt. Unter seiner Führung verloren die gemäßigten Elemente in der Partei schnell an Einfluss: Hatte die Neuregelung der Reparationen 1924 die Partei auf Regierungskurs gebracht, nutzte Hugenberg eine 1929 geplante Nachfolgeregelung dazu, die DNVP wieder in die grundsätzliche Opposition zur „Erfüllungspolitik" der Weimarer Republik zu bringen.

Der so genannte „Young-Plan" sah vor, für die Reparationen einen abschließenden Fixbetrag festzulegen, der langfristig abbezahlt werden sollte. Hiergegen wurde im Juli 1929 ein Volksbegehren angestrengt, bei dem die Hugenberg-DNVP erstmals gemeinsam mit der rechtsextremen Nationalsozialistischen Deutschen Arbeiterpartei (NSDAP) auftrat. Erarbeitet wurde in diesem Zusammenhang außerdem ein so genanntes „Freiheitsgesetz", wonach diejenigen als Landesverräter unter Anklage gestellt werden sollten, die den Young-Plan oder ähnliche Verträge über Reparationsleistungen unterzeichnen würden. Bei der abschließenden Lesung dieses Gesetzes Ende November 1930 stimmten 55 der anwesenden DNVP-Abgeordneten mit Ja, 17 enthielten sich. Wenige Tage später legte Graf von Westarp nun auch den Fraktionsvorsitz nieder, verblieb aber zunächst noch in der Fraktion. Zwölf Abgeordnete traten aus Fraktion und Partei aus und bildeten im Januar 1930 eine „Volkskonservative Vereinigung" unter Gottfried Treviranus. Dieser und ein weiterer gemäßigter Deutschnationaler beteiligten sich demonstrativ an der Reichsregierung. Bei einem Misstrauensantrag im Juli 1930 gegen diese Regierung konnte sich die DNVP nicht auf ein einheitliches Vorgehen verständigen. Nun verließen weitere Abgeordnete um Westarp die Fraktion.

Gemäßigte Konservative während der Weimarer Republik

Kuno Graf von Westarp (1864-1945)

war zunächst preußischer Verwaltungsbeamter. Seit 1908 Reichstagsabgeordneter wurde er von 1913 bis 1918 Fraktionsvorsitzender der Deutschkonservativen Partei. 1918 wurde er zum Mitbegründer der DNVP, deren Fraktionsvorsitzender er ab 1925 und deren Parteivorsitzender er von 1926 bis 1928 war. Wegen der Radikalisierung der DNVP unter Hugenberg trat er 1928 von seinen Vorsitzendenposten zurück und verließ etwas später die Fraktion. Im selben Jahr beteiligte sich Westarp an der Gründung der Konservativen Volkspartei, die er bis 1932 als Abgeordneter im Reichstag vertrat.

Gottfried Treviranus (1891-1971)

gelangte 1924 auf der Liste der DNVP in den Reichstag. Mit zwölf weiteren gemäßigten Deutschnationalen verließ er 1929 die Partei, als Hugenberg begann, mit der NSDAP zusammen zu arbeiten. 1930 wurde er Vorsitzender der Konservativen Volkspartei. Zwischen 1930 und 1932 war er Reichsminister im Kabinett des Zentrumspolitikers Heinrich Brüning. Juli 1934 floh er vor den Nationalsozialisten nach England.

Ewald von Kleist-Schmenzin (1890-1945)

übernahm nach einem Studium der Rechte seit November 1918 die Verwaltung des Familiengrundbesitzes, u. a. Schmenzin. Am 13. April 1929 wurde er zum Vorsitzenden des Hauptvereins der Konservativen gewählt, die Nachfolgeorganisation der Deutschkonservativen. Er verließ im Februar 1933 die Hugenberg-DNVP wegen deren Zusammenarbeit mit

> der NSDAP. Kleist kämpfte seit 1932 konsequent gegen Hitler, zunächst publizistisch, dann gegen dessen Ernennung zum Reichskanzler und schließlich gegen das Ermächtigungsgesetz. Ab 1938 unterhielt Kleist Kontakte zu den führenden Köpfen des konservativen Widerstandskreises um Goerdeler und Beck. Im Januar 1944 wird Kleists ältester Sohn angefragt, sich mit Hitler zusammen in die Luft zu sprengen. Als er seinen Vater um Rat fragte, rät dieser seinem Sohn zu dieser Tat. Im Zusammenhang mit dem Attentatsversuch auf Hitler am 20. Juli 1944 wird Kleist verhaftet, abgeurteilt und am 9. April 1945 geköpft.

Mit der Spaltung der DNVP wurde auch der „Hauptverein der Konservativen" wieder aktiv, das Überbleibsel der Deutschkonservativen aus der Kaiserzeit. Im April 1929 wurde Ewald von Kleist (1890-1945) zum neuen Vorsitzenden gewählt. Er gehörte zu den ganz wenigen Ausnahmen, die sich während der Weimarer Republik damit beschäftigen, was das Konservative ausmacht. Zusammengefasst hat er seine Überlegungen in einer Rede über die *„Grundsätze und Aufgaben konservativer Arbeit"*, die er im Dezember 1929 auf der Mitgliederversammlung des Hauptvereins hielt. In ihr lassen sich erneut alle zentralen Theoreme des Konservativismus finden:

A) Die Schöpfungsordnung Gottes sei der Orientierungspunkt jedes echten Konservativismus. Aufgabe des Menschen sei es, den Willen Gottes zu erkennen und zu tun.
B) Den Individualismus lehnte Kleist strikt ab. Der Mensch galt ihm vielmehr als Teil natürlicher Gemeinschaften, von der Familie beginnend bis zum Staat. Diese seien dem einzelnen übergeordnet und ihnen gegenüber sei er verpflichtet. Teil der gerechten Weltordnung sei auch die Ungleichheit unter den Menschen. Kleist war ein Vertreter der zuteilenden Gerechtigkeit: Jedem sei im Sozialgefüge sein Platz zugewiesen. Dabei seien Besitz und Privilegien nur die Voraussetzung für Pflicht und Dienst.
C) Kleist lehnte die mechanische Staatsauffassung ab, die sich in einer effektiven Verwaltung erschöpfe. Ohne eine Vorstellung von dem, was der Gesellschaft als Ganzer nutze und zustehe, könne kein Staatswesen zurechtkommen. Außerdem lehnte er jede Staatsomnipotenz ab und befürwortete stattdessen eine Selbstverwaltung, mit deren Hilfe

möglichst viele Aufgaben im Nahbereich der Betroffenen wahrgenommen würden. Als Anhänger der Monarchie bezeichnete Kleist den Staat von Weimar als den „*Todfeind des konservativen Staatsdenkens*". Eine Herrschaft der Massen löse Tradition und Religion auf. „1789" habe bewiesen, dass Revolution statt Freiheit Terror und Unterdrückung bringe.
D) Dass irdischen Dingen eine von Gott unabhängige Eigengesetzlichkeit zukomme, hielt er für eine Anmaßung. Recht bedeute mehr als gemachte Gesetze; Recht stamme von Gott. Diesem höheren Recht sei der ganze Mensch unterworfen und verpflichtet.
E) Der konservative Mensch sehe alles, also auch sich, von seiner Aufgabe her. Dabei geriet Kleist nicht ins Schwärmen, sondern ihm blieb die Unzuverlässigkeit und Fehlerhaftigkeit der Menschen bewusst. Dabei bleibe der Mensch angewiesen auf Religion und auf Dauer lasse sich seine Sehnsucht danach auch nicht unterdrücken.
F) Auch hinsichtlich der Besitzverhältnisse ging Kleist von einer gerechten Ungleichheit aus, wobei die sozial Höherstehenden eine größere Verantwortung hätten. In der kapitalistisch-individualistischen Gesinnung sehe der Konservativismus „seinen tödlichen Feind"; denn für sich zu sorgen sei noch kein Zeichen von Christentum. Vielmehr habe die Sucht, wirtschaftlich zu herrschen, das glatte Nützlichkeitsdenken, jedes Maß verloren, wodurch die Menschen diesseitig, d. h. gottlos geworden seien. Trotz dieser klaren inhaltlichen Positionierungen lehnte Kleist in derselben Rede den Austritt der gemäßigten Konservativen aus der Fraktion der DNVP ab. Dadurch würde nur der Konservativismus als Ganzes geschwächt. Von den ursprünglich 73 deutschnationalen Abgeordneten von 1928 waren nur 35 in der Fraktion geblieben. Es drohte tatsächlich eine Aufsplitterung des konservativen Lagers bis zur Bedeutungslosigkeit.

Kurzzeitig erwuchs der DNVP eine Konkurrenz dadurch, dass die Volkskonservative Vereinigung ab dem 23. Juli 1930 als Konservative Volkspartei auftrat. Sie blieb die einzige Partei während der Weimarer Republik, die das Wort „konservativ" im Namen führte und sich ausdrücklich zum Konservativen bekannte. In ihrem Gründungsaufruf sprach sie davon, das System regelloser Massenherrschaft durch einen Staatsaufbau überwinden zu wollen, welcher der geschichtlichen Entwicklung und natürlichen Gliederung des deutschen Volkes entspreche. Grundlage hierfür seien die lebendigen Quellen des Christentums. Diese äußerten sich u. a. in der Selbstverwaltung durch die Nächstberufenen; der Staat solle sich von täglicher Einmischung in Rechte und Pflichten des Staatsbürgers fernhalten. Schließlich wurde noch festgehalten, dass Eigentum zum Dienst am Ganzen verpflichte. Mit diesem Programm konnten die Volkskonservativen bei den Reichstagswahlen vom September 1930 allerdings nur vier Mandate erringen. Obgleich die Rest-DNVP bei diesem Wahlgang auf 41 Mandate zurückging, hatten sich ihre Verluste offensichtlich nicht zugunsten der Konservativen ausgewirkt. Daraufhin kehrte die Volkskonservative Partei im März 1931 wieder zur Organisationsform einer Volkskonservativen Vereinigung zurück.

In dem Maße, wie die Hugenberg-DNVP die Zusammenarbeit mit der NSDAP suchte, distanzierten sich die gemäßigten Konservativen von dieser extremen Bewegung. Diese wiederum bemühte sich zunächst um gemäßigte Konservative, um deren zwei Minister aus der Reichsregierung heraus zu brechen. Als das jedoch nicht gelang, gingen die Nationalsozialisten dazu über, volkskonservative Kundgebungen zu stören. Als im Frühjahr 1932 die Neuwahl des Reichspräsidenten anstand, favorisierten die Volkskonservativen die Wiederwahl Hindenburgs, die Rest-DNVP unterstützte den NSDAP-Vorsitzenden Adolf Hitler. Dem Verbot der nationalsozialistischen Sturmabteilung (SA) stimmten die gemäßigten Konservativen im April 1932 zu. Im selben Jahr traf sich Kleist mit Hitler, um sich ein eigenes Bild von diesem Mann zu machen. Im Anschluss zu diesem Treffen nannte er Hitler „einen Demagogen ohne politisches Können", einen „Hanswurst". Noch im selben Jahr veröffentlichte Kleist seine Schrift „*Nationalsozialismus – eine Gefahr*". Mitte Januar 1933 war Kleist beim Reichspräsidenten, um diesen davon zu überzeugen, dass Hitler unter keinen Umständen Reichskanzler werden dürfe. Der Ansicht, die Nationalsozialisten ließen sich instrumentalisieren, hielt er für abwegig: Menschen, die nicht den Mut hätten, einen Mann wie Hitler mit seinen wahnwitzigen Forderungen von Anfang an abzuweisen, würden dann auch später nicht die Kraft aufbringen, ihn erfolgreich zu bekämpfen.

Ende Januar 1933 wurde Hitler zum Reichskanzler ernannt. Bereits zwei Monate später wurde ein so genanntes „Ermächtigungsgesetz" vorgelegt, dass der neuen Reichsregierung das Recht einräumte, Gesetze zu erlassen, die sogar von der Reichsverfassung abweichen dürften. Kleist trat auf konservativer Seite dafür ein, dieses Ermächtigungsgesetz, wenn überhaupt, nur mit sechs Zusatzanträgen anzunehmen: Erhaltung des Rechtsstaates und des Rechts auf uneingeschränkte freie Meinungsäußerung, keine Schutzhaft und keine Geheime Staatspolizei, keine behördliche Funktionen dürften einer Partei übertragen werden, die Reichsfahne sei Schwarz-Weiß-Rot. Doch auch dieses Mal war seine Intervention erfolglos. Das Ermächtigungsgesetz wurde im Reichstag auch mit den Stimmen Konservativer beschlossen. Faktisch war die Weimarer Republik damit beendet. Zwischen März und Mai 1933 mussten die parteinahen Zeitschriften der Volkskonservativen, die *„Volkskonservative Stimmen"* und die *„Briefe nach Ostdeutschland"*, ihr Erscheinen einstellen. Das Aktenmaterial der Partei war zuvor aus Angst vor dem Zugriff der Nationalsozialisten vernichtet worden. Das formelle Verbot aller Parteien außer der NSDAP vom Juli 1933 besiegelte das Ende auch der konservativen Gruppierungen.

4. 2. Widerstand Konservativer gegen Hitler (1933-1944)

Als Hindenburg Anfang August 1934 starb, übernahm Hitler neben dem Amt des Reichskanzlers auch noch das Amt des Reichspräsidenten. Mit diesem verbunden war die Funktion des Obersten Befehlshabers der Reichswehr. Zusammen mit dem Ermächtigungsgesetz und dem Verbot konkurrierender Parteien hatte Hitler 1934 die totale Macht im Führerstaat erreicht. Ohne zu wissen, was unter den Nationalsozialisten nun alles geschehen würde, erregte der Abschied von der Republik kaum Bedauern. Es war vielmehr ein Abschied der Erleichterung. Entstanden war die Republik nach der unvermuteten Niederlage Deutschlands im Ersten Weltkrieg; ihre Vertreter hatten den Versailler Vertrag unterschrieben. Wirtschaftspolitisch stand sie für unsichere Zeiten: Zwischen 1919 und 1922 war es zu einer trabenden, ab 1923 zu einer galoppierenden Geldentwertung gekommen. Hatte die deutsche Mark bei Kriegende zum amerikanischen Dollar im Verhältnis 1:20 gestanden, kostete 1922 ein Dollar schon über 20.000 Mark und 1923 ca. 4,2 Billionen Mark. In Folge der Weltwirtschaftskrise von 1929 kam es zu einer Welle von Bankrotten und einer Massenarbeitslosigkeit. Innenpolitisch wurde die Republik mit Instabilität gleichgesetzt. Schon bei den ersten Reichstagswahlen 1920 verloren die Befürworter der Republik ihre Mehrheit im Parlament und konnten sie danach nie wieder erringen. In den 13 Jahren zwischen 1919 und 1932 wechselte 13 Mal der Kanzler. Nur vier Regierungen regierten länger als ein Jahr; keine erreichte eine Regierungszeit von zwei Jahren.

In allen drei Punkten – außen-, wirtschafts- und innenpolitisch – konnte Hitler Erfolge aufweisen, die viele Deutsche damals zwar nicht zu Nationalsozialisten, wohl aber zu Hitleranhänger werden ließen. Außenpolitisch setzte Hitler wesentliche Teile des Versailler Vertrages und andere ungeliebte internationale Verpflichtungen außer Kraft: 1933 Austritt aus dem Völkerbund, 1935 Wiedereinführung der allgemeinen Wehrpflicht und Aufrüstung, ebenfalls 1935 die Rückgliederung der Saar an das Reich, 1936 Remilitarisierung des Rheinlandes, 1938 Anschluss Österreichs und der Sudetengebiete, 1939 Protektorat über Böhmen und Mähren sowie Besetzung Memels. Nachdem England, Frankreich und die übrigen Gläubiger bereits 1932 in Lausanne auf weitere Reparationsforderungen gegenüber Deutschland verzichtet hatten, blieb bis Anfang September 1939 kaum ein konservativer Wunsch in der Außenpolitik unerfüllt. Wirtschaftspolitisch startete Hitler bei seinem Regierungsantritt bei sechs Millionen Arbeitslosen. Drei kurze Jahre später herrschte Vollbeschäftigung.

Innenpolitisch fiel die Bilanz Hitlers gemischt aus. 1934 hatte er die Parteien verboten. Für Konservative, die Parteien stets skeptisch beurteilt hatten, war das noch kein Fehler an sich. Vier Jahre zuvor hatte die Konservative Volkspartei in ihrem Gründungsaufruf kurz und bändig formuliert: Das Parteiensystem hat versagt. Die Terrormaßnahmen Hitlers zwischen März und Juli 1933 gaben schon mehr Anlass zur Besorgnis. Doch wandten sich diese in erster Linie gegen Kommunisten und blieben außerdem hinter den Befürchtungen zurück. Sogar das Berufsverbot für Juden und die Einschränkung ihrer Bürgerrechte mussten Konservative noch nicht unbedingt aufschrecken. Mit dem Tivoliprogramm der Deutschkonservativen 1892 hatten antijüdische Formulierungen Eingang in die Programme Konservativer gefunden. In ihren Grundsätzen von 1920 hatte die DNVP den Kampf gegen den undeutschen Geist jüdischer Kreise gefordert. Die Terrorakte im Juli und August 1934 offenbarten jedoch für jedermann sichtbar das wahre Gesicht des totalen Führerstaates. Die Ermordung innerparteilicher Konkurrenten nutzte Hitler dazu, noch eine Reihe weiterer Personen – auch im konservativen Spektrum – umzubringen. Dass Hitler die Demokratie abgeschafft hatte, war für Konservative nicht unbedingt ein Verlust. Die Relativierung des Rechtsstaates durften sie nicht akzeptieren.

Nichtsdestotrotz fiel es denjenigen Konservativen, die ihre Haltung gegenüber Hitler über dessen praktische Politik bestimmen wollten, schwer zu einem eindeutigen Urteil zu kommen. Einfacher war das für diejenigen, die sich mit Hitlers Weltanschauung auseinandersetzten. Für Konservative entsprach die nationalsozialistische Ideologie einer doppelten Herausforderung: Das Führerprinzip war eine neue Herausforderung von oben wie einst der Absolutismus; die nationalsozialistische Massenbewegung stellte eine neue Herausforderung von unten dar wie einst die Revolutionen. Erneut orientieren wir uns an der Struktur konservativer Kerntheoreme:

A) Kleist sprach 1929 von der göttlichen Weltordnung als Ausgangspunkt einer konservativen Weltanschauung. Hitler hingegen hatte seine eigene, menschliche und rein innerweltliche Weltanschauung in seinem Buch „Mein Kampf" entworfen. Wesentlicher Bestandteil war darin der Sozialdarwinismus, wonach unter Menschen dieselben Evolutionsbedingungen wie in der Tierwelt herrschten. Da zu viele Menschen gezeugt würden, müsse das stärkere Volk bzw. die hochwertigere Rasse sich den nötigen Lebensraum erkämpfen und zwar im Krieg gegen schwächere bzw. minderwertigere Nachbarn.

B) Konservative gehen vom einzelnen aus, der immer schon in sozialen Beziehungen verankert ist. Sie halten es angesichts der individuellen Verschiedenheit der Menschen für gerecht, wenn jeder seinen besonderen Platz im Sozialgefüge einnimmt. Hitler hingegen wollte das Volk kollektiv organisieren und dessen Lebensführung sozialisieren gemäß des Slogans „Du bist nichts, Dein Volk ist alles": Ausgehend vom „Jungvolk" in der Schule, über die „Hitlerjugend" für Jugendliche sowie den „Wehrsport" bzw. die „Frauenschaft" für junge Erwachsene bis hin zur Mitgliedschaft in der NSDAP bzw. als Teil in der nationalsozialistischen Massenbewegung. Kleist lehnte die Abschaffung von Standesprivilegien zwecks Erreichung einer Volksgemeinschaft durch Hitler ab. Um seinen konservativen Mitstreitern die Augen über die nationalsozialistische Bewegung zu öffnen, zitierte Kleist aus einer nationalsozialistischen Tageszeitung, in der es Ende 1931 hieß: *„Nein, wir sind weder national noch stehen wir rechts... national ist ein bürgerlicher Begriff... gepachtet durch die alte Oberschicht von Besitz und Bildung. Die Nationalsozialisten stellten sich auf die rechte Seite, aber das war Taktik... in Wahrheit, der Idee der nationalsozialistischen Arbeiterpartei entsprechend ist die NSDAP die deutsche Linke"* (Scheurig 1984:250).

C) Während Konservative Privatheit und Öffentlichkeit strikt voneinander trennen, ideologisierte Hitler den Alltag durch unzählige nationalsozialistische Berufs-, Hobby-, Sport-, Bildungs- und Freizeitvereinigungen wie „Kraft durch Freude" oder „Schönheit der Arbeit". Für Kleist sollte der Staat als Teil der göttlichen Weltordnung auf das Ge-

meinwohl achten. Für Hitler war der Staat nur das Mittel für den Lebenskampf eines Volkes bzw. einer Rasse, wobei er sein Ziel, das „großgermanische Reich" nicht historisch begründete, sondern als unbestimmte Zukunftsvision entwarf.
D) Kleist lehnte eine Eigengesetzlichkeit für Politik und Wirtschaft als Anmaßung gegenüber Gott ab. Die Rassenideologie Hitlers, die den Sieg des Stärkeren und Unterwerfung des Schwachen forderte, bezeichnete er in diesem Zusammenhang als Materialismus, der mit Glaube und Christentum unvereinbar sei.
E) Die Unzuverlässigkeit und Fehlerhaftigkeit des Menschen werde von Hitler ebenfalls geleugnet, wenn er den „neuen Menschen" propagiere. Zunächst sollte durch Auswahl und Erziehung der „Herrenmensch" geformt werden, aus dem durch künstliche Zuchtwahl einst der „Übermensch" hervorgehen solle.
F) In der Wirtschaft betrieb Hitler die soziale Hebung der Massen als eine Voraussetzung für ihre nationale Erziehung, da sich verarmte Menschen nicht als Glied einer Volksgemeinschaft fühlen könnten. Für Kleist vertraten die Nationalsozialisten sozialdemokratische Forderungen und Schlagworte, denen sie nur einen nationalen Mantel übergeworfen hätten. Der absterbende Marxismus erfahre durch Hitler eine Wiederbelebung.

Je nachdem, ob Konservative mehr auf Hitlers praktische Politik achteten, der sie – zumindest in der Außen- und Wirtschaftspolitik bis 1938 – beinahe ausnahmslos zustimmen konnten, oder ob sie sich mit dessen Ideologie beschäftigten, die den konservativen Auffassungen diametral entgegenstand, zogen sie unterschiedliche Konsequenzen für ihr Verhalten. Eine einheitliche Einstellung der Konservativen zum Nationalsozialismus, zu Hitler und dessen Drittes Reich gab es demnach nicht: Sie reichte vom Widerstand mit Todesfolge über das Stillhalten und die Anpassung bis zum Überlaufen unter Abschwörung der konservativen Vergangenheit. Ewald von Kleist gehört zu den Konservativen, die sich von Anfang an gegen den Nationalsozialismus stellten. Wegen seiner kritischen Haltung wurde er im Frühjahr 1933 erstmals verhaftet. Nach dem Attentatsversuch auf Hitler vom 20. Juli 1944 wurde Kleist wegen Hoch- und Landesverrats angeklagt. Vor dem nationalsozialistischen Volksgerichtshof sagte er zur Anklage: *„Jawohl, ich habe Hochverrat getrieben seit dem 30. Januar 1933, immer und mit allen Mitteln. Ich habe aus meinem Kampf gegen Hitler und den Nationalsozialismus nie ein Hehl gemacht. Ich halte diesen Kampf für ein von Gott* *verordnetes Gebot. Gott allein wird mein Richter sein".* Am 9. April 1945 wurde das Todesurteil gegen Kleist durch die Guillotine vollstreckt.

Wie Kleist lehnte auch der Leipziger Oberbürgermeister, Carl Goerdeler (1884-1945), die Nationalsozialisten von Anfang an ab. Das Hissen der Hakenkreuzfahne auf dem Leipziger Rathaus am 30. Januar 1933 anlässlich der Ernennung Hitlers zum Reichskanzler verweigerte er. Und als Hitler ihn im Herbst desselben Jahres zum Eintritt in die NSDAP aufforderte, lehnte er ab. Dennoch nahm Goerdeler auch nach 1933 noch weiterhin öffentliche Aufgaben wahr. Als Reichskommissar für Preisüberwachung hoffte Goerdeler weiterhin über den nötigen Einfluss zu verfügen, um im Kontakt mit der nationalsozialistischen Staatsführung Schlimmeres verhindern zu können. So verfasste er 1934 ein Gutachten an Hitler, in dem er sich über das Eindringen minderwertiger Charaktere und gesinnungsloser Mitläufer in hohe Machtstellungen mit Hilfe der Partei beschwerte. Vor allem die mangelnde Rechtssicherheit und Einschränkungen der freien Meinungsäußerung kritisierte er: Sicherung gewisser Grundrechte wie des Eigentums, der Wohnung und der persönlichen Freiheit gegen jede nicht richterlich gedeckte Beeinträchtigung sei für die deutsche Art ein unerlässliches Erfordernis, um höchste Hingabe an Staat und Volk zu erzielen.

Im Amt des Oberbürgermeisters von Leipzig wurde Goerdeler im Sommer 1936 für weitere zwölf Jahre bestätigt. Als aber während eines Auslandaufenthalts von ihm Ende 1936 ein Denkmal zu Ehren des jüdischen Komponisten Mendelssohn in Leipzig entfernt wurde, forderte er nach seiner Rückkehr dessen Wiederherstellung. Als das verweigert wurde, übergab er sein Abschiedsgesuch. Von nun an wurde er für den Industriellen Robert Bosch tätig, um unauffällig im Aus- und Inland umherreisen und ein Netzwerk der konservativen Opposition knüpfen zu können. Goerdeler wurde nach dem Attentatsversuch auf Hitler vom 20. Juli 1944 zusammen mit seiner Familie in Sippenhaft genommen. Sowohl seine Frau und ihre vier Kinder als auch seine beiden Brüder mit ihren Familien wurden ins Gefängnis gesteckt; seine ein- bis dreijährigen Enkel wurden unter falschen Namen in ein Kinderheim der Nationalsozialisten gegeben. Das Todesurteil gegen Goerdeler wurde am 2. Februar 1945 vollstreckt.

Im Gegensatz zu Kleist und Goerdeler begrüßte ein anderer Konservativer anfangs den Nationalsozialismus: Ulrich von Hassell (1881-1944). Als Diplomat hatte er ab 1919 die Republik von Weimar im Ausland vertreten. Er versah auch unter Hitler zunächst seinen diplomatischen Dienst. Erst als er im Laufe der Zeit immer stärker in Konflikt mit der nationalsozialistischen Außenpolitik geriet, wurde er 1938 zunächst in den Warte- und dann in den Ruhestand versetzt. Für die konservative Opposition reiste er ab August 1938 immer wieder ins Ausland, um zu erfahren, wie sich die Kriegsgegner während eines Sturzes Hitlers und in der Zeit nach Hitler gegenüber Deutschland verhalten würden. Nach dem Attentatsversuch auf Hitler vom 20. Juli 1944 wurde ihm dasselbe Schicksal zuteil wie Kleist und Goerdeler. Ulrich von Hassell wurde Ende Juli 1944 inhaftiert. Nach Stationen im Konzentrationslager Ravensbrück und dem berüchtigten Foltergefängnis der Geheimen Staatspolizei (Gestapo) in der Prinz-Albrecht-Straße landete auch er Anfang September vor dem nationalsozialistischen Volksgerichtshof. Das Todesurteil gegen ihn erging am 8. September 1944 und wurde noch am selben Tag vollstreckt.

Während der Herrschaft der Nationalsozialisten schlossen sich drei Widerstandsgruppen enger zusammen und entwickelten die einzigen das Regime gefährdenden Vorhaben: Erstens die konservative Gruppe um Carl Goerdeler und Ulrich von Hassell; zweitens der so genannte „Kreisauer Kreis", der von christlich-sozialistischen Motiven bestimmt war; drittens der militärische Widerstand. Für letzteren spielte Ludwig Beck (1880-1944) eine wesentliche Rolle. In den Frühjahrsmonaten 1938 versuchte er den Überfall auf Böhmen durch eine förmliche Gehorsamsverweigerung der Generalität unmöglich zu machen. Bei einem Treffen im August 1938 zeigte sich, dass alle Kommandierenden Generäle einen sich ausweitenden Krieg zu diesem Zeitpunkt als eine Katastrophe ansahen. Zu einer Gehorsamverweigerung allerdings waren die anderen Generäle nicht bereit. Schließlich war noch am Todestag von Hindenburg der Fahneneid dahingehend geändert worden, dass nicht länger der treue Dienst für Volk und Vaterland geschworen wurde, sondern man sich zum unbedingten Gehorsam gegenüber der Person Adolf Hitlers verpflichtet hatte. Nach Auffassung der anderen Generäle verbot es ihre Ehre, ihrem Vorgesetzten den Gehorsam zu verweigern. Beck folgte einem anderen Ehrbegriff: Acht Tage später reichte er aus Protest gegen Hitlers Kriegspolitik seinen Rücktritt ein; in Friedenszeiten blieb er der einzige General, der das tat.

Die Zugeständnisse des Auslandes gegenüber Hitler gaben dessen aggressiver Außenpolitik vermeintlich Recht. Goerdeler schrieb 1938 verärgert an einen amerikanischen Freund: Eine ausgezeichnete Gelegenheit sei verpasst worden. Das deutsche Volk habe keinen Krieg gewollt; die Armee würde alles getan haben, ihn zu vermeiden. Wenn

England und Frankreich nur das Risiko eines Krieges auf sich genommen hätten, würde Hitler nie Gewalt angewendet haben. Und dann wäre er der Blamierte gewesen, und nicht, wie es jetzt der Fall sei, die guten Elemente des deutschen Volkes. Beck vermutete sogar, es wäre das Ende Hitlers gewesen. Die militärischen Erfolge, die Hitler Dank seiner Skrupellosigkeit in den nächsten Jahren erzielen konnte, brachten die deutsche Opposition in große Verlegenheit: Solange der Aufstieg des Hitler-Reiches über Europa dauerte, wäre ein Staatsstreich den meisten Deutschen als Sabotage und Landesverrat erschienen. Jeder Sieg der deutschen Waffen verminderte die innenpolitischen Erfolgsaussichten der Oppositionsgruppen in demselben Maße, wie es ihre außenpolitischen Chancen vergrößerte. Als sich der Kriegsverlauf 1942 zu drehen begann, änderten sich die Vorzeichen dieses Dilemmas: Jeder Misserfolg Hitlers brachte mehr Unterstützung im Innern, ließ aber Hilfe aus dem Ausland unwahrscheinlicher werden, das nun den Sieg aus eigener Kraft und ohne die Unterstützung des deutschen Widerstandes anstrebte.

Die im August 1941 von den USA und Großbritannien formulierte Atlantik-Charta zielte in Artikel 8 auf die lang dauernde Entwaffnung Deutschlands. Anfang November 1942 landeten amerikanisch-englische Truppen in Nordafrika und ließen Aufstandsbemühungen – wollte man nicht die Neuauflage einer Dolchstoßlegende riskieren – zur Utopie werden. Der Glaube an die Möglichkeit eines Sonderfriedens im Westen hielt sich maximal bis zum Januar 1943, als Amerika und England in Casablanca das Kriegsziel der bedingungslosen Kapitulation Deutschlands ausgaben. Hierfür wollten die meisten oppositionellen Generäle Hitler nicht die moralische Verantwortung abnehmen. Entsprechendes galt für die geplante Zerstückelung Nachkriegsdeutschlands, die Ende November 1943 bei einem Treffen der Alliierten in Teheran vereinbart wurde. Die deutsche Opposition musste endlich einsehen, dass es wegen der Gegenläufigkeit von innen- und außenpolitischer Unterstützung für einen Umsturzversuch den richtigen Zeitpunkt für einen Staatsstreich nie geben konnte. Alle Versuche, einen solchen abzuwarten oder herbeizuführen, mussten scheitern. Nun galt es zu handeln um des Handelns willen. Überlegungen über Erfolgsaussichten, über mögliche Reaktionen des Auslandes und der eigenen Bevölkerung durften keine Rolle mehr spielen. Es kam nur noch darauf an, dass die deutsche Widerstandsbewegung vor der Welt und vor der Geschichte den entscheidenden Wurf gewagt habe.

Anfang Januar 1943 trafen sich erstmals Vertreter des Kreisauer Kreises mit der konservativen Widerstandsgruppe um Goerdeler, von Hassell und Beck. Hierbei einigte man sich auf Goerdeler als Kanzler einer Übergangsregierung. Nach der Katastrophe von Stalingrad im Februar 1943 diskutierte man die Beseitigung Hitlers durch ein Attentat, was Goerdeler und Beck wegen moralischer Bedenken skeptisch sahen. Die alles entscheidende Tat verzögerte sich jedoch, weil die Oppositionsbewegung etliche Rückschläge einstecken musste: Anfang April 1943 wurde das Berliner Hauptnest der Verschwörer, das Büro des Stabchefs der militärischen Abwehr, ausgehoben. Mehrere Widerständler wurden verschärft beobachtet, von militärischen Schlüsselpositionen entfernt oder verhaftet. Im Januar 1944 wurde der Kreisauer Kreis gesprengt. Zwischen den Vertretern der Opposition und ihren nationalsozialistischen Verfolgern war es zu einem Wettlauf gekommen, der es fraglich erscheinen ließ, ob es überhaupt noch zu dem Versuch eines Staatsstreichs kommen würde. Als es dann am 20. Juli 1944 zum Attentatsversuch auf Hitler kam, überlebte der Diktator und der geplante Staatsstreich in Berlin wurde niedergeschlagen.

Viele Konservative verloren im Zusammenhang mit den Ereignissen vom 20. Juli 1944 ihr Leben. Ludwig Beck wurde während der Aktion in Berlin erschossen. Andere in den nächsten Wochen hingerichtet. Dieser Aderlass sollte den Konservativismus stark schwächen, auch für die Zeit nach 1945. Carl Goerdeler gehörte zu den wenigen, deren Todesurteil nicht sofort vollstreckt wurde. Für die Zeit bis zu seiner Hinrichtung am 2. Februar 1945 wurde er durch einen höheren Verwaltungsbeamten damit beauftragt, Vorschläge für den Wiederaufbau Deutschlands nach dem Kriege ausarbeiten. Hierbei konnte Goerdeler auf viele seiner Gedanken zurückgreifen, die er in den letzten Jahren gemeinsam mit anderen Oppositionellen ausgearbeitet hatte. 1941 war die Denkschrift *„Das Ziel"* entstanden, in die Gedanken u. a. von Ludwig Beck eingegangen waren. Die Verfassungspläne der konservativen Widerständler sahen einen Staatsaufbau von unten nach oben vor: Alle Aufgaben, die nicht aus zwingenden Gründen zentral bearbeitet werden müssten, sollten in den Familien, in den engeren öffentlichen Gemeinschaften bzw. durch die Selbstverwaltung der Gemeinden, Kreise und Länder wahrgenommen werden. Dieses subsidiäre Vorgehen führe zu einer lebendigen Anteilnahme verständiger Volksvertretungen.

Auf Gemeindeebene sollte die Hälfte der Gemeindevertreter durch relative Mehrheiten in Wahlbezirken bestimmt werden; ein drittes Viertel sollte durch alle Wahlberechtigten der ganzen Gemeinde und das letzte Viertel sollte von den zuständigen Kammern der Wirtschaft gewählt werden, wobei stets mindestens ein Unternehmer und ein Arbeiter oder Angestellter zu entsenden seien. Die Hälfte der Vertreter der nächsten politischen Ebenen – Kreise und Länder, genannt Gaue – sollte jeweils von der Vertretung der nächstgelegenen unteren Ebene gewählt werden. „Nur" das dritte Viertel sollte jeweils in einer Urwahl von den Wahlberechtigten direkt gewählt werden, während das letzte Viertel jeweils von den Wirtschaftskammern der betreffenden Ebene bestimmt werden sollte. Auf Reichsebene sollte die eine Hälfte direkt vom Wahlvolk, die andere Hälfte von den Länderparlamenten gewählt werden. Begründet wurde dieser organische Staatsaufbau mit einer Mischung aus direktem und indirektem Wahlrecht damit, dass das Volk durch Unfreiheit und Propaganda kritiklos geworden sei. Außerdem bestehe ein lebhafteres Interesse dort, wo das persönliche Leben und die Leistung der Kandidaten bekannter seien.

Abbildung 10: Verfassungspläne der konservativen Widerständler

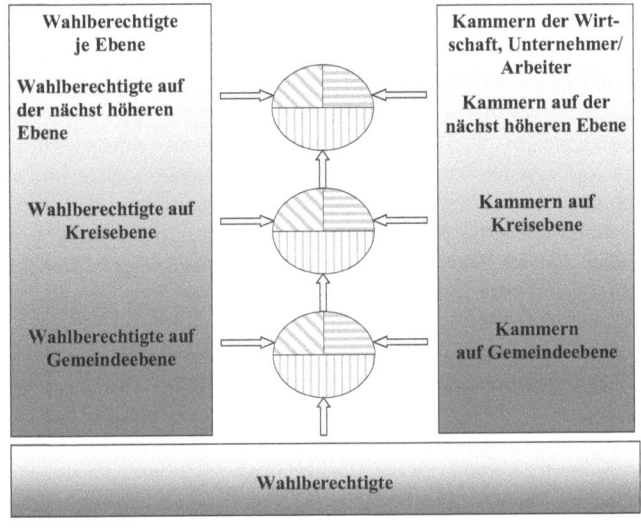

Neben dem Reichstag sahen die Verfassungspläne der konservativen Widerständler eine zweite Kammer vor, die sie „Reichsständehaus"

nannten. Beide Kammern zusammen bildeten die Volksvertretung. In das Reichsständehaus sollten Vertreter u. a. der Wirtschafts-, Ärzte- und Anwaltskammern, Hochschulrektoren Länderregierungschefs und 30 weitere Personen auf Lebenszeit berufen werden. Für die Staatsspitze war ein erblicher Monarch mit vorwiegend repräsentativen Funktionen vorgesehen. Die Grundsätze der Sozialpolitik folgten nicht einem auf der Gleichheit aufbauenden Gerechtigkeitsideal, sondern gründeten sich auf die Verschiedenheit der menschlichen Leistungsfähigkeit. Alles in allem befürworteten die konservativen Widerständler eine repräsentativ-berufsständische Demokratie mit starken aristokratischen Momenten und einem Monarchen an der Spitze.

Nach dem gescheiterten Attentatsversuch auf Hitler vom 20. Juli 1944 ging der Zweite Weltkrieg weiter. Obwohl dieser Staatsstreichversuch erst sehr spät kam, hätte er doch eine Menge Leid allein unter der deutschen Bevölkerung verhindern können. Seit Beginn des Zweiten Weltkrieges Anfang September 1939 kamen in den fünf Jahren bis zum 20. Juli 1944 etwas über 2,8 Millionen Deutsche ums Leben. In den kaum zehn Monaten nach dem Attentatsversuch bis zum Ende des Krieges Anfang Mai 1945 waren es 4,8 Millionen. Auf den Tag umgerechnet verloren vor dem 20. Juli 1944 täglich 1.600 Deutsche ihr Leben, danach mehr als das Zehnfache, nämlich 16.600. Insgesamt bestand die Bilanz des Zweiten Weltkrieges aus 55 Millionen Toten, 35 Millionen Verwundeten, drei Millionen Vermissten. Er endete mit der bedingungslosen Kapitulation Deutschlands als Kriegsverursacher. Dieses verlor seine Gebiete östlich der Oder-Neiße-Grenze und wurde in drei, schließlich in vier Besatzungszonen aufgeteilt, in denen die vier Siegermächte – Amerika, England, Frankreich und die Sowjetunion – das Sagen hatten. Sie waren es, die über den zukünftigen Staatsaufbau in Deutschland entschieden.

4.3. Parteigründungen unter alliierter Vormundschaft (1945-1949)

Eines einte alle Widerständler der unterschiedlichsten politischen Richtungen: Ihre Pläne für ein Nachkriegsdeutschland, die sie während des Dritten Reiches geschmiedet hatten, wiesen durchgehend eine demokratieskeptische Tendenz auf. Angesichts der Unterstützung des Nationalsozialismus durch breiteste Volksmassen wurde – über die politischen Lager hinweg – von einem „Prozess der Verpöbelung in allen Gesellschaftsschichten" gesprochen. Es fand sich in keiner der durch so viele Gräben getrennten Gruppen ein namhafter Vertreter der dahingegangenen Republik. Allerdings wurde die Entscheidung über die zukünftige Staatsform von den Siegern gefällt. Auf der Nachkriegskonferenz in Potsdam einigten sie sich darauf, dass das gesellschaftliche Leben in Deutschland auf demokratischer Grundlage umgestaltet werden sollte. Da sich die vier Besatzungsmächte nicht darüber verständigen konnten, was unter „Demokratie" zu verstehen sei, gingen sie getrennt vor. Die Sowjetunion gestaltete ihre Besatzungszone in Ostdeutschland in eine „Demokratie sozialistischer Prägung" um. Die drei westlichen Besatzungsmächte übergaben Anfang Juli 1948 den deutschen Länderchefs die „Frankfurter Dokumente". In ihnen wurden die Deutschen aufgefordert, eine verfassungsgebende Versammlung einzuberufen, die eine demokratische Verfassung föderalistischen Typs ausarbeiten solle. Das Ergebnis musste den Militärgouverneuren zur Genehmigung vorgelegt werden.

Es waren ebenfalls Vorgaben der Alliierten, die darüber entschieden, ob und gegebenenfalls wo sich im Nachkriegsdeutschland bürgerliche Parteien mit welchem Erfolg würden gründen können. Mit dem Ergebnis, dass es den Konservatismus als ins Gewicht fallende politische Organisation im Nachkriegsdeutschland nicht gegeben hat. Die protestantisch-konservativen Hochburgen im Osten des Landes lagen in der sowjetisch besetzten Zone, was die konservative Bewegung ungemein schwächte. Vereinzelt sammelten sich erfahrene konservative Politiker aus diesem Gebiet später in Schleswig-Holstein. In der französischen und in der amerikanischen Besatzungszone wurden Parteizulassungen restriktiv gehandhabt. Auf dem rechten bürgerlichen Lager wurde zunächst „nur" einer Partei die Lizenz erteilt, der Christlich Demokratischen Union (CDU). In ihr sammelten sich vorwiegend christlich und sozialkonservativ geprägte Kräfte. Damit wurde gerade in den katholischen Regionen der CDU ein nicht wieder einholbarer Zeitvorsprung gegenüber dem katholischen Zentrum gewährt. In evangelischen Regionen verhinderte die so entstandene Monopolstellung der CDU das Aufkommen regionaler oder nationalistischer Parteien bzw. von Interessen- und Flüchtlingsparteien. Konservative, die sich politisch engagieren wollten, fanden zur Union keine Alternative.

Die CDU hatte ihrerseits gleich zu Beginn ihrer Parteigeschichte drei Weichenstellungen vorgenommen, die von vergleichbarer Bedeutung waren wie 1914 die Entwicklung der SPD von einer Revolutions- zu einer Reformpartei. Erstens sollten Katholiken und Protestanten in der CDU zusammenarbeiten. Bereits in einem Aufruf von Anfang März

1946 hieß es: „*Zum ersten Male in der deutschen Geschichte finden wir uns unter Ablehnung jeglicher Zersplitterung in unserem Volke zusammen zur Union aller christlicher Demokraten.*" Die politischen Wege von Katholiken und Protestanten hatten sich 1837 im Streit um die Mischehe getrennt. Jetzt sollten sie zusammengeführt und gemeinsam fortgesetzt werden in der Union. Zweitens ging schon die CDU der britischen Zone in ihrer ersten Sitzung im Januar 1946 davon aus, dass es sich bei der CDU um eine Volkspartei handele. Man wende sich an die Angehörigen aller Stände und Schichten und hoffe, dass durch die Zusammenarbeit in einer Volkspartei ein gegenseitiges Verständnis aller Gruppen und Berufsstände erwachse. Die Vorgängerparteien im bürgerlichen Lager hatten zunächst insbesondere die Interessen des grundbesitzenden Adels, der Geistlichkeit und der höheren Beamtenschaft vertreten. Erst allmählich fanden sie Zugang zur bäuerlichen, mittelständisch-kleinbürgerlichen Klientel. Deutschnationale Volkspartei und Konservative Volkspartei führten den Anspruch zwar schon im Namen, einlösen konnten sie ihn nie.

Sozialkonservativismus

Von Anfang an beschäftigten sich auch Konservative mit der so genannten „sozialen Frage", d.h. dem Auskommen breitester Bevölkerungsschichten. Die widerstreitenden Interessen zwischen den Besitzenden und den Besitzlosen sollten aus ihrer Sicht ausgeglichen werden, ohne die bürgerliche Eigentumsordnung radikal umzuwälzen. Die Vertreter dieses Ansatzes wurden „Sozialkonservative", „Christlich-Soziale" und bisweilen auch „Kathedersozialisten" genannt. Erste Ansätze wurden bereits in den 1830er Jahren im Münchener Eos-Kreis um Joseph Görres entwickelt. Danach widmeten sich führende Konservative diesem Thema, u. a. Joseph Maria von Radowitz (1797-1853), Victor Aimé Huber (1800-1869) und Hermann Wagener (1815-1889). Durch Vertreter der christlichen Soziallehre bzw. am Ende des Ersten Weltkrieges wurde das Konzept eines „christlichen" bzw. eines „konservativen Sozialismus" entwickelt, das der Kreisauer Kreis während des Zweiten Weltkrieges in seine Überlegungen aufnahm. Im Nachkriegsdeutschland bemühte sich insbesondere die neu gegründete CDU um die Integration christlich-sozialer bzw. sozialkonservativer Kräfte und Gedanken.

Als dritte historische Weichenstellung der CDU kann ihr Bekenntnis zur Demokratie gelten. Freikonservative und Deutschkonservative hatten sich ab 1867 bzw. ab 1876 während des gesamten Kaiserreiches für die Monarchie ausgesprochen. Nach dessen Ende, d.h. während der Weimarer Republik, wollte die Deutschnationale Volkspartei noch 1920 das deutsche Kaisertum erneuern bzw. erklärte 1930 die Konservative Volkspartei das Parteisystem der Republik für gescheitert. Bereits in ihrem vorläufigen Programm vom Juni 1945 befürwortete die CDU Köln eine soziale Ordnung, die der demokratischen Überlieferung der deutschen Vergangenheit und dem christlichen Naturrecht entspreche. Im September desselben Jahres bekannte sich die CDU Rheinland und Westfalen zum demokratischen Staat, der christlich, deutsch und sozial sei. Und im ersten Programm der CDU in der britischen Besatzungszone vom März 1946 hieß es: Die christliche Weltauffassung allein gewährleiste Recht, Ordnung und Maß, Würde und Freiheit der Person und damit „eine wahre und echte Demokratie". Im Sinne dieser drei Weichenstellungen nannte sich die neue Partei CDU: Christlich Demokratische Union Deutschlands.

Konkurrenz erwuchs der CDU nur in der britisch besetzten Zone, wo mehrere Parteien im bürgerlichen Lager zugelassen wurden. In Nordrhein-Westfalen und Westniedersachsen gewann das Zentrum einigen Einfluss und in der ehemaligen Provinz Hannover gründete sich die Niedersächsische Landespartei, die sich ab 1947 Deutsche Partei (DP) nannte. Sie sollte zur einzigen Partei im Nachkriegsdeutschland mit einem betont konservativen Programm werden. Für die weitere Entwicklung der bürgerlichen Parteien im Nachkriegsdeutschland war außerdem entscheidend, dass die ersten freien Wahlen 1946 in der amerikanischen und nicht in der britischen Besatzungszone stattfanden. Dank des höheren Katholikenanteils und der fehlenden Parteienkonkurrenz im eigenen Lager konnte die CDU dort Wahlerfolge vorlegen, die sie klar als stärkste Partei auswiesen. Bei den folgenden Wahlen in der britischen Zone verwiesen die Christdemokraten auf ihr starkes Abschneiden und nutzten – im Vergleich zum katholischen Zentrum und zur konservativen Deutschen Partei – die Anziehungskraft des Erfolgs.

Ein weiterer Vorteil für die CDU bestand darin, dass man sich wegen der schlechten Infrastruktur und Kommunikationsmöglichkeiten nicht mit dem Neben- und Miteinander der unterschiedlichen programmatischen Standpunkte auseinanderzusetzen brauchte. Die programmatischen Vorstellungen der katholischen Kreise waren eher sozialkonservativ geprägt, was sich in Redewendungen wie „Sozialismus aus christlicher Verantwortung" oder „Christlicher Sozialismus" verdichtete. Ihren Niederschlag fand diese Ausrichtung im *„Ahlener Programm"* von 1947. Folglich tendierten die katholischen Kreise stärker zu einer Zusammenarbeit mit den Sozialdemokraten. Die Protestanten waren von Beginn an eher marktwirtschaftlich geprägt, was die *„Düsseldorfer Leitsätze"* von 1949 bestimmte. Sie setzten stärker auf eine Zusammenarbeit mit der liberalen „Freien Demokratischen Partei" (FDP) und der Deutschen Partei. Solange sich die Koalitionsfrage auf gesamtstaatlicher Ebene noch nicht stellte, konnte die Entscheidung über die Grundausrichtung der CDU noch verschoben werden.

Vor diesem Hintergrund gab der spätere CDU-Vorsitzende Konrad Adenauer schon frühzeitig den entscheidenden Anstoß, die Union bundesweit als eine Partei der Mitte zu bezeichnen, die mit der christlichen Weltanschauung verbunden sei. In Briefen vom Frühjahr 1946 und beim ersten Treffen des CDU-Zonenausschusses in Herford machte er deshalb deutlich, dass die Selbstverortung der Union als „konservativ" zu einseitig sei und unterbleiben müsse. Andererseits war der bedeutendste innerparteiliche Gegenspieler Adenauers, Jakob Kaiser, der bekannteste Exponent der christlich-sozialen Ausrichtung. Da Adenauer „zwei Fliegen mit einer Klappe schlagen wollte", musste er sich inhaltlich gegenüber Kaiser abgrenzen, ohne sich offen auf die konservative Ausrichtung der Partei festzulegen. 1948 wendete sich dementsprechend die katholisch geprägte CDU in der britischen Zone von Sozialisierungstendenzen ab: Während man sich im März bei einer Abstimmung im Landtag noch für die Vergesellschaftung von Bergwerken und Schwerindustrie ausgesprochen hatte, enthielt man sich diesbezüglich im August desselben Jahres. Der endgültige Durchbruch zum Konzept der „Sozialen Marktwirtschaft" erfolgte noch vor der Gründung der Bundesrepublik im Februar 1949 in Königswinter.

Mit der Entscheidung zugunsten der „Sozialen Marktwirtschaft" hatte die CDU eine weitere, die vierte historische Weichenstellung für ihre Parteigeschichte vorgenommen. Seit dem Streit um die liberale Wirtschaftspolitik, die Bismarck zwischen 1866 und 1876 betrieben hatte, sprachen sich Frei- und Deutschkonservative einerseits gegen eine schrankenlose Freiheit nach liberaler Wirtschaftstheorie und andererseits gegen sozialistische Irrlehren aus. Stattdessen befürworteten sie eine „geordnete wirtschaftliche Freiheit", die an gesellschaftlichen Interessen orientiert sei. Auch die Deutschnationale Volkspartei und die Konservative Volkspartei sprachen sich 1920 bzw. 1930 für das

Privateigentum innerhalb der Grenzen des Gemeinwohls aus. Das Ahlener Programm von 1947 folgte dieser Logik, wenn es das kapitalistische Gewinn- und Machtstreben den staatlichen und sozialen Lebensinteressen des Volkes unterordnete. Planung und Lenkung der Wirtschaft seien demnach notwendig. In ihren Düsseldorfer Leitsätzen von 1949 versuchte die CDU zwar dem Vorwurf, sie vertrete eine liberale Wirtschaftstheorie, durch die Behauptung zu begegnen, dass sie auf dem Ahlener Programm aufbaue. Tatsächlich war eine Akzentverlagerung weg vom Christlich-sozialen bzw. Sozialkonservativen und hin zum Liberalen unverkennbar.

Aufgrund ihrer Weichenstellungen und Dank der geschilderten Rahmenbedingungen überwand die Union die traditionelle Zersplitterung sowohl der christlichen Konfessionen als auch des bürgerlichen Lagers und band den rechten Rand ein. Die politische Aufgabe bestand darin, die Anhängerschaft des katholischen Zentrums, der linksliberalen DDP, der nationalliberalen DVP, des konservativen Teils der DNVP, der Heimat- und Interessenparteien bis zum rechtsextremen Spektrum zu binden. Was diese vielfältigen Kräfte verband, war die Herausforderung des „Marxismus", worunter man damals Sozialdemokraten und Kommunisten subsumierte. Schwerpunktmäßig knüpften die politischen Eliten, die Organisation und die Wählerhochburgen der Union allerdings an das kirchlich geprägte Umfeld der Weimarer Zentrumspartei an. Bis zur Koalitionsfrage auf gesamtstaatlicher Ebene stand die grundsätzliche Richtungsentscheidung noch aus: Würde sich die Union eher zu einer sozialen Arbeiterpartei oder eher zu einer bürgerlichen Sammlungspartei entwickeln, in der ggf. auch konservative Kräfte eine politische Heimat fänden?

4.4. Literatur

Hinsichtlich der Primärliteratur des Konservativismus für den Zeitraum 1918 bis 1949 ist zunächst auf die parteiprogrammatischen Quellen der DNVP sowie der Volkskonservativen Partei hinzuweisen, die in Mommsens Ausgabe von Parteiprogrammen zu finden sind, die bereits im Kapitel 3.5. aufgeführt wurde. Als einschlägige Primärliteratur des konservativen Widerstandes seien – neben den Tagebüchern von Ulrich von Hassell – einerseits die Rede von Kleist und andererseits das „Regierungsprogramm" mit dem Titel „Das Ziel" von Goerdeler und anderen genannt. Die frühen parteiprogrammatischen Quellen der

CDU, u. a. das eher katholisch-sozialkonservative Ahlener Programm (1947) sowie die stärker marktwirtschaftlich orientierten Düsseldorfer Leitsätze (1949), lassen sich in dem Band *„Dokumente zur Gründungsgeschichte der CDU Deutschlands"* finden.

- **Gaertingen,** Friedrich Freiherr Hiller von (Hrsg.): Die Hassell-Tagebücher 1938-1944. Ulrich von Hassell. Aufzeichnungen vom Andern Deutschland. Nach der Handschrift revidierte und erweitete Ausgabe. Berlin 1988 (Siedler Verlag).
- **Kleist-Schmenzin** (1929), Ewald v.: Grundsätze und Aufgaben konservativer Arbeit. In: Scheurig (siehe unten) S.240-248.
- **Goerdeler, Carl / Ludwig Beck:** „Das Ziel" (1941). In: Wilhelm Ritter von Schramm (Hrsg.): Beck und Goerdeler. Gemeinschaftsdokumente für den Frieden 1941-1944. München 1965 (Gotthold Müller Verlag). S.81-166.
- **Dokumente** zur Gründungsgeschichte der CDU Deutschlands. Konrad Adenauer und die CDU der britischen Besatzungszone. Hrsgg. v. der Konrad-Adenauer-Stiftung. Bonn 1975 (Eichholz-Verlag).

Als jüngere Spezialliteratur über den Konservativismus in der Weimarer Republik eignen sich einerseits die Heidelberger Promotion von Bussche, mit deren Hilfe weitere Literatur zum Thema erschlossen werden kann, andererseits die Aufsatzsammlung von Hömig. Gesondert hingewiesen sei für den behandelten Zeitraum u. a. auf den Aufsatz *„Konservatismus als 'nationalrevolutionäre Bewegung'. Konservative Kritik an der Deutschnationalen Volkspartei 1918-1933"* von Jens Flemming in dem Stegmann-Band, der bereits im Kapitel 3.5. aufgeführt wurde. Des Weiteren ist u. a. der Aufsatz *„Deutscher Konservatismus seit 1945"* von Armin Mohler in dem Band von Kaltenbrunner zu nennen. Schließlich behandelt Jonas in einer Spezialstudie das kurzzeitige Aufkommen der Volkskonservativen.

- **Bussche,** Raimund von dem: Konservativismus in der Weimarer Republik. Die Politisierung des Unpolitischen. Heidelberg 1998 (Universitätsverlag C. Winter).
- **Hömig,** Herbert (Hrsg.): Konservatismus im Umbruch. Wandlungen des Denkens zwischen Reichsgründung und Widerstand. Aachen 1991 (Michel Müller Verlag).

- **Kaltenbrunner**, Gerd-Klaus (Hrsg.): Die Herausforderung der Konservativen. Absage an Illusionen. Freiburg, Basel, Wien 1974 (Verlag Herder).
- **Jonas**, Erasmus: Die Volkskonservativen 1928-1933. Entwicklung, Struktur, Standort und staatspolitische Zielsetzung. Düsseldorf 1965 (Droste Verlag).

Als Sekundärliteratur über den konservativen Widerstand eignen sich besonders die Überblicksdarstellung von Fest sowie die Biographien einerseits über Kleist-Schmenzin und andererseits über die drei führenden konservativen Widerständler. Der Band über Goerdeler enthält im Anhang zwölf Quellentexte zum Thema.

- **Fest**, Joachim: Staatsstreich. Der lange Weg zum 20. Juli. Berlin 1994 (Siedler Verlag).
- **Scheurig**, Bodo: Ewald von Kleist-Schmenzin. Ein konservativer Gegner gegen Hitler. Biographe. Berlin, Frankfurt/M. 1994 (Propyläen Verlag).
- **Ritter**, Gerhard: Carl Goerdeler und die deutsche Widerstandsbewegung. Stuttgart 1984 (Deutsche Verlags-Anstalt). (4.Aufl.).
- **Schöllgen**, Gregor: Ulrich von Hassel 1881-1944. Ein Konservativer in der Opposition. München 1990 (Verlag C.H. Beck).
- **Müller**, Klaus-Jürgen: Generaloberst Ludwig Beck. Eine Biographie. Paderborn, München, Wien, Zürich 2008 (Verlag Ferdinand Schöningh).

U. a. zur Gründungsgeschichte der CDU ist die Studie von Bösch einschlägig. Als Einstieg in das Thema des Sozialkonservativismus in Deutschland seien schließlich die Aufsätze von Hornung und Müller empfohlen.

- **Bösch**, Frank: Die Adenauer-CDU. Gründung, Aufstieg und Krise einer Erfolgspartei 1945-1969. Stuttgart, München 2001 (Deutsche Verlags-Anstalt).
- **Hornung**, Klaus: Die sozialkonservative Tradition im deutschen Staats- und Gesellschaftsdenken. In: Jörn-Dieter Gauger / Klaus Weigelt (Hrsg.): Soziales Denken in Deutschland zwischen Tradition und Innovation. Bonn 1990. S.30-68 (Bouvier-Verlag).

- **Müller,** Johann Baptist: Der deutsche Sozialkonservativismus. In: Konservatismus – Eine deutsche Bilanz. München 1971 (Piper). S.67-97.

5. Konservatives in Deutschland nach 1950

Nach der Phase der Orientierungslosigkeit zwischen 1918 und 1949 schloss sich für den Konservativismus eine Phase der Bedeutungslosigkeit an. Unterkapitel 5.1. zeigt, dass die „*Deutsche Partei*" in der 1949 gegründeten Bundesrepublik Deutschland die einzige Partei blieb, die überhaupt und dann nur kurzfristig ab 1952 den Begriff „konservativ" in den Mittelpunkt ihrer Programmatik stellte. Nach deren Spaltung war die CDU ab 1961 zur alternativlosen Erbin der konservativen Wählerklientel geworden. Wie im Unterkapitel 5.2. erörtert wird, lehnte es die CDU von Anfang ihrer Parteigeschichte an ab, sich einseitig als „konservativ" zu positionieren. Stattdessen definierte sie sich als Partei der Mitte, sodass in ihren Grundsatzprogrammen ab 1978 der Begriff nur als Teil einer Aufzählung auftauchte: Die CDU sei konservativ, liberal, sozial. Da die CDU es zudem versäumte, näher zu bestimmen, was sie unter „konservativ" verstand, wurde der Begriff im Laufe der Zeit beliebig neu definiert und sogar vom politischen Mitbewerber für sich beansprucht. Im Unterkapitel 5.3. wird dargestellt, wie der Begriff „konservativ" allmählich sowohl parteipolitisch als auch jenseits von Parteien nichtssagend wurde: Autoren, die ihre eigene oder eine fremde Position als „konservativ" kennzeichnen wollten, taten das weitestgehend unabhängig von bestimmten Inhalten aus der Geschichte des Konservativismus. Die Entwicklung im Einzelnen:

5.1. Konservative Parteien im Nachkriegsdeutschland (1950-1961)

Die Deutsche Partei blieb bisher die einzige Partei nach dem Zweiten Weltkrieg in Deutschland, die den Begriff „konservativ" in den Mittelpunkt ihrer Programmatik stellte. Hervorgegangen war sie aus der Deutsch-Hannoversche Partei (DHP), die wiederum ursprünglich aus der so genannten „welfischen Bewegung" kam. Diese hatte sich nach 1866 im ehemaligen Königreich Hannover aus Protest gegen die Annexion desselben durch Preußen gebildet. Nach dem Zweiten Weltkrieg wurde die DHP an mehreren Orten des späteren Bundeslandes Niedersachsen wieder gegründet. Im Juni 1947 nannte sie sich in Deutsche

Partei (DP) um, da mit der Auflösung Preußens und der Konstituierung eines eigenständigen Bundeslandes die Forderung nach territorialer Neugliederung erfüllt war. Bereits 1947 fasste die Deutsche Partei in ganz Norddeutschland, d.h. in Hamburg, in Bremen und in Schleswig-Holstein Fuß. Bei den ersten Wahlen zum Deutschen Bundestag erzielte die DP in den norddeutschen Bundesländern zwischen zwölf und 18 Prozent, was bundesweit vier Prozent entsprach und für 17 Abgeordnete reichte. In ihrem Arbeitsprogramm von 1949 bekannte sich die Bundestagsfraktion der DP zum christlich-konservativen Rechtsstaat. Weitere Stichworte waren die Freiheit der Person, der Schutz der Familie, Heimatverbundenheit, das Zurückdrängen des Staates und die Verhinderung jeglichen Kollektivismus.

Nach und nach wurden weitere Landesverbände gegründet: Die Delegierten bei der Konstituierung des Landesverbandes in Nordrhein-Westfalen Ende September 1949 gehörten vormals in erster Linie der Deutsch- bzw. der Freikonservativen Partei an. Es folgten weitere Landesverbände 1950 in Berlin, 1951 in Hessen und Bayern, 1952 in Baden, 1953 in Württemberg und Rheinland-Pfalz. Mit Ausnahme der beiden letzten Neugründungen strömten in die neuen Landesverbände ehemalige führende Nationalsozialisten ein, sodass für die Jahre 1949 bis 1952 von einer nationalistischen Phase der Partei gesprochen werden muss. Auf dem Bundesparteitag der DP im Oktober 1952 in Goslar traten zwei innerparteiliche Strömungen gegeneinander an: Ein nationalistischer Flügel mit Hans-Christoph Seebohm an der Spitze und ein konservativer Flügel, der vom Parteivorsitzenden Heinrich Hellwege angeführt wurde. Nach Goslar versuchte Hellwege, innerparteilich einen Damm gegen die Nationalisten zu errichten. Die Selbstreinigung des Mitgliederstammes in Nordrhein-Westfalen hatte jedoch zur Folge, dass sich der Landesverband im Januar 1953 auflöste. In anderen Landesverbänden scheiterten ähnliche Versuche einer Selbstreinigung bereits im Ansatz. Daraufhin konzentrierte sich Hellwege auf das Stammland der DP, Niedersachsen. Nur hier gab es einen festen Stamm von 35.000 Mitgliedern, während alle anderen Landesverbände zusammen nicht über 10.000 hinauskamen.

Nach 1952 begann die eindeutig konservative Phase der Deutschen Partei. Dokumentiert wurde sie in einer programmatischen Neuausrichtung, die weg vom Nationalistischen und hin zum Konservativen führte. Den Startschuss hierfür gab das 1952 veröffentlichte Buch *„Politik ohne Wunschbilder"* des Vorsitzenden der DP-Bundestagsfraktion, Hans Mühlenfeld. Hierin versuchte er eine ideengeschichtliche Herleitung des Konservativismus, indem er u. a. bis auf Justus Möser und Adam Müller zurückging. Die nächsten Stationen auf dem Weg zum konservativen Profil waren Beschlüsse auf Bundesparteitagen: Im Mai 1953 entwickelte die DP in Hamburg ein Arbeitsprogramm für den zweiten Deutschen Bundestag, das von einer christlich-konservativen Grundhaltung hergeleitet wurde. Der Bielefelder Bundesparteitag zwei Jahre später verabschiedete „Zwanzig Thesen einer zeitnahen konservativen Politik". Das Bundeswahlprogramm von 1957 definierte die Deutsche Partei als freiheitlich und konservativ. Als Abschluss dieser programmatischen Entwicklung galt das 1957 veröffentlichte Buch „*Die konservative Funktion*" des stellvertretenden Vorsitzenden der DP-Bundestagsfraktion, Hans-Joachim von Merkatz. Hierin ging es erneut um das Freilegen der ideengeschichtlichen Wurzeln des Konservativismus unter Bezugnahme u. a. auf Wilhelm August Rehberg und Friedrich Gentz.

Nimmt man diese Quellen und ordnet sie dem Raster konservativer Kerntheoreme zu, so ergibt sich folgendes Bild:

A) Ausgangspunkt sei die göttliche Welt- und Lebensordnung, welche auf den existentiellen Bedingungen und überzeitlichen Bedürfnissen des menschlichen Daseins beruht und in der Natur und in der Geschichte zum Ausdruck kommt. Hierbei handele es sich um eine lange gewachsene und gewordene Ordnung, in die jahrhundertelange Erfahrung eingeflossen sei. Die konservative Methode des Weltbegreifens bestehe demnach in Anschauung und Erfahrung, in natürlicher Entwicklung, in Wachsen und Werden, in Unterschieden und Mannigfaltigkeit, in Konkretem und Besonderem, in Ausgleich und Vermittlung. Diese Weltauffassung gelte es zu verteidigen gegen abstrakte Zukunftsbilder, maßlosen Fortschritt bzw. selbstherrlich gewordene Rationalität. Der Gegensatz bestehe zwischen künstlichem Fortschritt und natürlicher Entwicklung, zwischen Perfektion und Pflege, zwischen Machen und Wachsen bzw. zwischen Aktualität und Kontinuität.

B) Der Konservativismus im Sinne der Deutschen Partei wendete sich gleichermaßen gegen Kollektivismus und Individualismus mit seiner Bindungs- und Haltlosigkeit des einzelnen. Der Mensch lebe hingegen stets, physisch wie psychisch, innerhalb von materiellen und ideellen Ordnungen. Sein Ort als natürlich aufgewachsene und geschichtlich gewordene Persönlichkeit sei seine Heimat, die ihm Geborgenheit und Halt gebe. In der Familie lerne der Mensch den großen Schatz von

Regeln und Gesetzen kennen, die das Leben als Sitte und Brauch ordnen. In Gemeinschaften außerhalb der Familie lernt der Mensch weitere Vorschriften und Gepflogenheiten der Tradition kennen, der gesammelten Weisheit von Generationen. Hierzu gehöre auch die personengebundene, gefühlsmäßige Autorität. Freiheit bestehe stets innerhalb eines Gefüges von Bindungen und äußere sich einerseits darin, dass sich der Mensch seine Eigenart eigenverantwortlich bewahrt, und andererseits in der Verantwortungsmöglichkeit insbesondere auch der Gemeinschaft gegenüber. Gerechtigkeit bedeute das, was einem einzelnen Menschen, an einem bestimmten Ort und in einer lebendigen Tradition zusteht im Sinne des „Jedem das Seine". Unwahre Freiheits- und Gleichheitsforderungen, die allen unterschiedslos die gleiche Freiheit versprechen, werden hingegen abgelehnt; sie führten zur Nivellierung von Unterschieden und zur Vermassung.

C) Die Deutsche Partei forderte, dass dem Staat nicht immer weitere Aufgaben überlassen bzw. zugemutet werden sollen, die im Wege der Selbstverwaltung erledigt werden könnten. Dadurch könne der zentralistisch-bürokratische Planstaat zurückgedrängt werden.

D) Da Mensch und Staat göttlichen Ursprungs seien, unterliege die Politik keiner Eigengesetzlichkeit, sondern habe die Ausübung eines sittlichen Prinzips zu sein.

E) Der Konservativismus im Sinne der Deutschen Partei geht vom Menschen aus, wie er ist. Für ihn ist der Mensch Person, die ihre Würde, ihre Rechte und Pflichten aus tieferen, nämlich religiösen Wurzeln empfängt. Abstrakte Menschenbilder, die Vorstellungen davon entwerfen, wie der Mensch zukünftig sein solle, werden nachdrücklich abgelehnt.

F) Für die Deutsche Partei verkörperte persönliches Eigentum die engste Beziehung des Menschen zur dinglichen Umwelt. Gemeineigentum sei demnach kein Eigentum und Gleichmacherei zerstöre „nur" die Leistungsbereitschaft. Andererseits müsse die verderbliche Vorherrschaft der Wirtschaft gebrochen werden, welche die Arbeit des Menschen nur als Ware sieht und ihn so in ökonomische Knechtschaft zwingt. Die Wirtschaft diene nicht mehr dem Menschen, sondern – so lautet die Kritik – das Verhältnis habe sich ins Gegenteil verkehrt. Einseitiges Wirtschaftsdenken führe beispielsweise zum Verlust der Sesshaftigkeit, wodurch die Heimatverbundenheit verblasse

Die programmatische Neuausrichtung der Deutschen Partei hin zum Konservativen wurde von den Wählern nicht honoriert. Zu Beginn des Prozesses erreichte die Partei bei den Bundestagswahlen 1953 magere 3,2 Prozent und konnte am Ende der Entwicklung bei den Bundestagswahlen 1957 nur 0,2 Prozentpunkte zulegen. Kurzzeitig bestand die Hoffnung, die Zustimmung dadurch steigern zu können, dass die Deutsche Partei zum Sammelbecken aller konservativen Kräfte in der Bundesrepublik würde. Nachdem die CDU bei den Bundestagswahlen 1957 eine absolute Mehrheit erreichen konnte, verließ die FDP als ehemaliger Koalitionspartner die Regierung. 16 ehemalige FDP-Bundestagsabgeordnete verließen deshalb ihre Fraktion bildeten kurzzeitig die Freie Volkspartei (FVP). Diese fusionierte im April 1957 mit der Deutschen Partei. Vergleichbare Fusionsgespräche mit der Bayernpartei scheiterten allerdings.

Trotz Profilschärfung und Einverleibungen scheiterten letztendlich alle Versuche der Deutschen Partei, dauerhaft eine ausdrücklich konservative Partei in der Bundesrepublik Deutschland zu etablieren. Das lag u. a. daran, dass man sich nicht über das Verhältnis zur CDU einigen konnte, was die Deutsche Partei schließlich spaltete: Während die DP-Bundestagsfraktion trotz der absoluten Mehrheit der CDU für eine Zusammenarbeit plädierte, setzte der niedersächsische Landesverband stärker auf die Eigenständigkeit der Deutschen Partei. Anfang Juli 1960 traten daraufhin neun Abgeordnete aus der DP-Bundestagsfraktion aus und zur CDU/CSU über. Die Rest-DP fusionierte mit dem Bund der Heimatvertriebenen und Entrechteten (BHE) zur Gesamtdeutschen Partei (GDP). Dieses Bündnis scheiterte jedoch bei der nächsten Bundestagswahl 1961 an der Fünf-Prozent-Hürde.

5. 2. Wie konservativ war / ist die CDU? (1950-2007)

Die CDU bemühte sich in den 1950er Jahren systematisch darum, jegliche Konkurrenz im rechten politischen Spektrum auszuschalten. Bürgerliche Konkurrenzparteien wurden gespalten, deren Spitzenpolitiker abgeworben und deren Wählerklientel an die Union gebunden. Mit Erfolg! Das Zentrum, die Bayernpartei und die Wirtschaftliche Aufbaupartei saßen nur im ersten Deutschen Bundestag bis 1953; ihr Wähleranteil sank von zusammen 10,2 auf bedeutungslose 2,5 Prozent. Im Juli 1955 konnte durch Austritte von Ministern und Bundestagsabgeordneten die 27köpfige BHE-Fraktion gespalten werden. Bei der nächsten Bundestagswahl 1957 scheiterte der BHE an der Fünf-Prozent-Hürde. In der zweiten Hälfte der 1950er Jahre bemühte sich die Union ebenso um die nationalliberalen Kräfte innerhalb der FDP; hier sollte sich der Erfolg erst später einstellen. Mit der Deutschen Partei führte die CDU ab dem Herbst 1959 Fusionsgespräche. Die DP-Bundestagsfraktion spaltete sich im Juli 1960. Die Nachfolgepartei rückte bei den nächsten Wahlen nicht mehr in den Bundestag ein. Nach den Wahlen 1961 waren im vierten Deutschen Bundestag nur noch drei Fraktionen vertreten: Die SPD, die FDP und die CDU/CSU. Die Union hatte es geschafft, einen Alleinvertretungsanspruch für das rechte politische Spektrum durchzusetzen. Von nun an vertrat sie christlich-soziale, nationalliberale und konservative Wählerinnen und Wähler.

Abbildung 11: Ergebnisse der Bundestagswahl von 1949 bis 1961

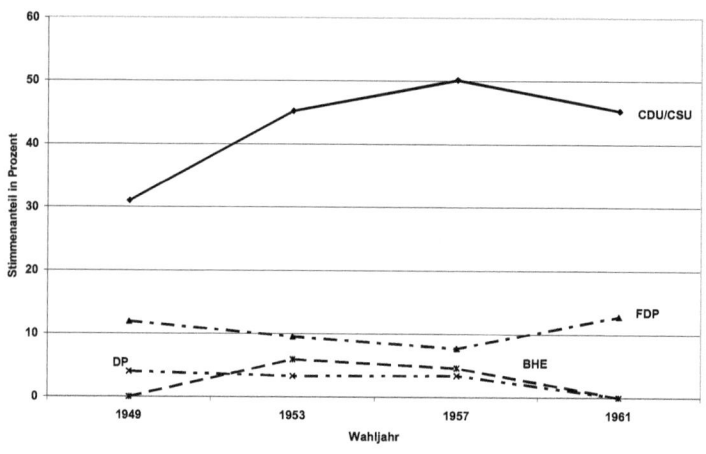

Programmatisch galt es zu dieser Zeit vage zu bleiben, damit das Einsammeln möglichst vieler bürgerlicher Wähler nicht aufgrund inhaltlicher Abgrenzungen beschränkt würde. Neben dem Christentum bestand die entscheidende Integrationsklammer für die unterschiedlichen Strömungen aus zwei Teilen: Zum einen stärkte die CDU den Halt nach innen durch einen gemeinsamen Gegner von außen, die Gefahr des Marxismus. Dieser Aspekt erhielt regelmäßig zu den Bundestagswahlen neue Aktualität: 1953 durch die Niederschlagung eines Aufstandes in der DDR, 1957 durch die Niederwerfung des Aufstandes in Ungarn am Ende des Vorjahres, 1961 durch den Mauerbau. Zum anderen identifizierte man sich mit der Person und der Politik des ersten CDU-Bundesvorsitzenden und Bundeskanzlers, Konrad Adenauer (1949-1963). Eine Formulierung von Grundsatzprogrammen schien überflüssig, solange das politische Wollen in der praktischen Politik konkret erfahrbar war. Und so konzentrierte sich die CDU in ihrem Hamburger Programm von 1953 – von einleitenden staatspolitischen Grundforderungen abgesehen – auf aktuelle politische Fragen. Es blieb für 15 Jahre das einzige umfassende Gesamtprogramm der Partei.

Mitte der 1960er Jahre gab es mehrere Entwicklungen, welche die CDU dazu zwangen, ein Programm zu entwickeln, das – zumindest in Ansätzen – eine Integrations- und Identifikationsfunktion übernehmen sollte: Erstens verlor das Christliche in der Gesellschaft und somit für das Selbstverständnis der Partei an Bedeutung. Erstmals bei den Landtagswahlen in Nordrhein-Westfalen vom Juli 1966 wurde nicht länger in den Hirtenbriefen der katholischen Kirche explizit zur Wahl der CDU aufgerufen. Der zehnprozentige Stimmenverlust war der Anfang vom Ende des Adenauer-Nachfolgers Ludwig Erhard (1963-1966). Zweitens konnte die CDU spätestens nach Bildung der Großen Koalition aus CDU und SPD ab 1966 nicht länger vom Kabinett aus geführt werden; schließlich saß der politische Konkurrent stets mit am Tisch. Außerdem waren die Kompromisse, die man bei einer Zusammenarbeit mit einem fast gleichstarken Koalitionspartner eingehen musste, Grund genug, das Profil der eigenen Partei zu schärfen. Drittens zwang das Parteiengesetz vom Sommer 1967 die Union, sich ein Programm zu geben. In Folge dessen kam es nun zu der bis dahin mit Abstand programmintensivsten Phase der CDU-Geschichte. Zum ersten Mal sollte ein Programm nicht „von oben" vorgegeben, sondern während einer monatelangen parteiinternen Diskussion „von unten" erarbeitet werden.

Zu Beginn des Jahrzehnts war die CDU mit dem Ende u. a. der Deutschen Partei zur Erbin der konservativen Wählerklientel in der Bundesrepublik geworden. Am Ende der 1960er Jahre bestand erstmals ein Anlass, sich programmatisch über das Verhältnis der Union zum Konservativen zu äußern. Der Erhard-Nachfolger im Bundeskanzleramt und im CDU-Bundesvorsitz, Kurt-Georg Kiesinger (1966-1969), verzichtete bewusst darauf, seine Partei stärker als „konservativ" zu profilieren. Im Parteivorstand bekannte er sich 1969 ausdrücklich zur CDU als Volkspartei der Mitte: Die CDU könne sich nicht als eine konservative Partei bezeichnen. Eine Partei, die das Land Nordrhein-Westfalen umschließe, könne sich nicht einfach das Etikett 'konservativ` umhängen. In der CDU seien konservative Elemente, aber auch liberale, natürlich auch soziale. (Bösch 2001:400). Allerdings verlor die CDU schnell wieder das Interesse an ihrer programmatischen Entwicklung. Nachdem SPD und FDP 1969 eine sozialliberale Bundesregierung gebildet hatten, gelang es der CDU, zunehmend die nationalliberale Wählerklientel an sich zu binden. Zahlreiche (national)liberale Hochburgen, in denen die FDP bislang über 20 % erringen konnte, gingen nun vollends an die Union. Die Wiedergewinnung der Regierungsverantwortung im Bund schien für die CDU nur eine Frage der Zeit zu sein.

Erst die eindeutige Niederlage der CDU bei den Bundestagswahlen 1972 machte den Weg endgültig frei für eine programmatische Erneuerung. In der CDU mehrten sich Stimmen, man habe die „geistige Führung" im Land verloren. Wurden in den 1950er und 1960er Jahren Gegensätze nicht ausdiskutiert aus Sorge, die Partei könne auseinander brechen, hieß es nun umgekehrt: Es müssten die sachlichen Gegensätze ausdiskutiert werden oder die CDU zerfalle. Auf dem Hamburger Parteitag 1973 wurde die Ausarbeitung des ersten Grundsatzprogramms der CDU beschlossen. Der neu gewählte CDU-Bundesvorsitzende, Helmut Kohl, wiederholte in seiner Antrittsrede aber zunächst nur das Credo seiner Amtsvorgänger: Die CDU sei die Partei der Mitte. Im fertigen Grundsatzprogramm nahm die Union 1978 in Ludwigshafen auf ihre Geschichte als Sammlungspartei Bezug und zählte erstmals ihre unterschiedlichen Strömungen auf in der Formulierung, die CDU sei „konservativ, liberal, sozial". Bei dieser Formulierung ist es auch in den beiden folgenden Grundsatzprogrammen von 1994 und 2007 geblieben. Eine eindeutige Zuordnung, welche programmatische Aussage konservativ, welche liberal und welche sozial zu verstehen sei, unterblieb. „Christlich-sozial" verweist wohl auf das sozialkonservative Erbe der Zentrumspartei, während sich das „liberal" auf die ordoliberale Wirtschaftspolitik von Ludwig Erhard bezieht. Was allerdings genau mit „konservativ" gemeint sein könnte, bleibt merkwürdig unbestimmt.

Das Versäumnis der CDU, näher zu bestimmen, was sie unter „konservativ" verstanden wissen möchte, eröffnete mehrere Gefahren: Erstens bot sich die Möglichkeit, „konservativ" völlig neu zu definieren, wodurch der Begriff beliebig würde. Auf dem Parteitag 1968 der bayerischen Schwesterpartei der CDU definierte der Vorsitzende der Christlich Sozialen Union (CSU), Franz-Josef Strauß: Konservativ sein heiße, an der Spitze des (technischen) Fortschritts zu marschieren. Dieser Versuch einer Neudefinition des Konservativen kam – ungeachtet der Frage nach der Sinnhaftigkeit einer solchen Neudefinition – zum denkbar schlechtesten Zeitpunkt. Anfang der 1970er Jahre geriet der technisch begründete Fortschrittsglaube in die Krise: Der Club of Rome veröffentlichte die Studie über die „Grenzen des Wachstums" und rückte die Ökologieproblematik ins Bewusstsein der Öffentlichkeit. Technik galt von nun an nicht länger als Garant für Fortschritt. Linke wurden zunehmend zu Bewahrern, weil sie den technischen Fortschritt als unerträglich für die Natur und für die Gesellschaft erachteten; dafür wirkten „Konservative" als naiv technikgläubig. Es kam zum Rollentausch: Linke übernahmen konservative Zivilisationskritik; Konservative übernahmen linken Fortschrittsglauben.

Die zweite Gefahr, die sich durch den Verzicht der CDU eröffnete, ein bestimmtes Verständnis von „konservativ" für sich zu reklamieren, bestand darin, dass der Begriff von politischen Mitbewerbern übernommen wurde. Im Zusammenhang mit der Ökologieproblematik unterschied der SPD-Politiker Erhard Eppler in seinem 1975 erschienen Buch „Ende oder Wende" zwei Konservatismusbegriffe: Den positiven Begriff „wertkonservativ" beanspruchte Eppler für die Linke und hob ihn gegenüber einem abzulehnenden „Strukturkonservatismus" der CDU ab. Im Dezember desselben Jahres bezeichnete sich der sozialdemokratische Bundeskanzler Helmut Schmidt selbst ausdrücklich als „konservativ". Und im Wahlkampf 1976 bezeichnete der Parteivorsitzende Willy Brandt seine SPD als die eigentliche „Partei der Reform und des Bewahrens". Ende der 1970er Jahre übernahm es dann eine neue Partei, wertkonservativ zu argumentieren und für die Bewahrung der Schöpfung einzutreten. Vom linken politischen Spektrum her kommend, konnten „Die Grünen" eigentlich konservative Themen besetzen wie ein leer stehendes Haus.

Ein Begriff, der beliebig geworden war oder sogar vom politischen Mitbewerber verwendet wurde, verlor jegliche Integrations- bzw. Identifikationskraft für die eigene Partei. Darin bestand die dritte Gefahr. Die Fragen, was unter „konservativ" zu verstehen sei und inwiefern die CDU als konservative Partei bezeichnet werden könne, wurden zuletzt im Zusammenhang mit der Diskussion um das Grundsatzprogramm 2007 behandelt. Selbst führende CDU-Politiker waren sich nicht einig, was im neuen CDU-Grundsatzprogramm (noch) konservativ sei. Der langjährige Vorsitzende der CDU Brandenburg, Jörg Schönbohm, antwortete auf diese Frage in einem Gastbeitrag für WELT ONLINE am 27. April 2007: Die Wertigkeit der Freiheit, die Bedeutung der Familie und die der Nation. Der CDU-Generalsekretär Ronald Pofalla zählte in einem Interview mit der *„Frankfurter Allgemeinen Sonntagszeitung"* vom 9. September 2007 folgende Punkte auf: Leitkultur in Deutschland, Patriotismus, starker Staat in der inneren Sicherheit, Bekenntnis zu Leistung und Eigenverantwortung. Für den Vorsitzenden der CDU-Jugendorganisation, Philipp Missfelder, sind es laut einem wdr-Interview vom 7. Dezember 2007 folgende Themen: Leitkultur, Patriotismus, Türkei-Frage, die Betonung des C im Namen.

Anfang September 2007 veröffentlichten vier Unionspolitiker ein Thesenpapier unter dem Titel *„Moderner bürgerlicher Konservatismus – Warum die Union wieder mehr an ihre Wurzeln denken muss"* (Mappus 2007). In dem Papier hieß es, das Bürgerlich-Konservative sei das wesentliche Alleinstellungsmerkmal der Union, wodurch sie sich von allen anderen Parteien unterscheide. Anschließend wurden fünf Eckpunkte thematisiert: „Klare Werte – starker Zusammenhalt", „Familie fördern" inklusive des Ausbaus von Betreuungsangeboten, „Schöpfung bewahren", „die Soziale Marktwirtschaft neu beleben" und „starker Staat – weniger Bürokratie". Eine Begründung dafür, warum gerade diese fünf Punkte „konservativ" sein sollten, wie sie hergeleitet oder zusammenpassen könnten, wurde gar nicht erst versucht. Ebenso unklar blieb, in welchem Verhältnis der Begriff „konservativ" zu „modern" bzw. zu „bürgerlich" steht.

Warum scheint es der CDU egal zu sein, wenn der Begriff „konservativ" beliebig oder sogar von politischen Mitbewerbern verwendet wird und für die eigenen Anhänger keine Aussagekraft hat? Wahrscheinlich schätzt sie die konservative Wählerklientel in Deutschland quantitativ gering ein. Und tatsächlich ergibt sich über die Zeit – bei allen Einschränkungen hinsichtlich der Vergleichbarkeit – eine abnehmende Tendenz: Deutsch- und Freikonservative kamen bei den letzten Reichstagswahlen im Kaiserreich 1912 zusammen noch auf 12,2 Prozent. Die DNVP hatte gegen Ende der Weimarer Republik bei den Reichtagswahlen 1930 einen Stimmenanteil von 7,0 Prozent. Die Deutsche Partei erreichte bei den Bundestagswahlen 1957 noch 3,4 Prozent. In der Geschichte der Bundesrepublik gab es zwei nennenswerte Versuche, die Konservativen innerhalb der CDU zu organisieren. Beide Versuche scheiterten. 1969 lud Hans-Joachim Schoeps (1909-1980) einen Kreis Gleichsinnter nach Gravenbruch bei Frankfurt ein, um eine „Konservative Sammlung" zu initiieren. Im Mai 1970 wurde in Hannover eine Mitgliederversammlung und im November desselben Jahres ein „Konservativer Konvent" in Kassel-Wilhelmshöhe veranstaltet. Den Erfolg einer konservativen Partei schätzte Schoeps skeptisch ein, weshalb er die Einrichtung eines konservativen Arbeitskreises innerhalb der CDU/CSU anstrebte – allerdings ohne Erfolg.

„Konservative" im Umfeld der CDU

Hans-Joachim Schoeps (1909-1980)

Wegen seiner jüdischen Abstammung war es Schoeps 1932 in Deutschland nicht mehr möglich nach seiner Promotion zu habilitieren. Bis zu seiner Emigration 1938 nach Schweden stand er in Verbindung mit Vertretern der konservativen Revolution, unterstützte in der Praxis aber die gemäßigten Volkskonservativen. 1946 habilitierte sich Schoeps in Marburg und wurde anschließend an die Universität Erlangen berufen. Schon früh beschäftigte er sich mit dem Konservativismus: 1952 veröffentlichte er „Das andere Preußen. Konservative Gestalten und Probleme im Zeitalter König Friedrich Wilhelm IV." und 1958 erschien „Konservative Erneuerung". Seine Versuche einer „Konservativen Sammlung" innerhalb der CDU scheiterten zu Beginn der 70er Jahre.

Günter Rohrmoser (1927-2008)

Nach seinem Studium in Münster war Rohrmoser seit 1963 Honorarprofessor in Köln bevor er ab 1976 Ordinarius für Sozialphilosophie an der Universität Hohenheim-Stuttgart wurde. Außerhalb der Universität wirkte Rohrmoser u. a. als Berater der Ministerpräsidenten Franz-Josef Strauß (CSU) und Hans Filbinger (CDU) sowie als Vizepräsident des Studienzentrums Weikersheim. Den Kanzler Helmut Kohl (CDU) kritisierte er dafür, dass die von ihm versprochene „geistig-moralische Wende" ausgeblieben sei. Rohrmoser hat sich in mehreren Schriften mit dem Konservativismus beschäftigt: „Neues konservatives Denken als Überlebensimperativ" (1994), „Kampf um die Mitte. Der Moderne Konservativismus nach dem Scheitern der Ideologien" (1999), „Geistige Wende. Christliches

> Denken als Fundament des Modernen Konservativismus" (2000),
> "Konservatives Denken im Kontext der Moderne" (2006).
>
> **Alexander Gauland (geboren 1941)**
>
> Der promovierte Jurist arbeitete Anfang der 1970er Jahre zunächst im Presse- und Informationsamt der Bundesregierung, leitete dann zwischen 1977 und 1986 das Büro des Oberbürgermeisters Walter Wallmann (CDU), bevor dieser zum Ministerpräsident gewählt wurde und Gauland zwischen 1987 und 1991 als Staatssekretär dessen Staatskanzlei leitete. Ab Anfang der 1990er Jahre arbeitet Gauland als Publizist. Er veröffentlichte 1991 "Was ist Konservativismus?" und 2002 "Anleitung zum Konservativsein".

Anfang der 1990er Jahre versuchten konservative CDU-Politiker, innerhalb der Union ein "Christlich Konservatives Deutschlandforum" als Vereinigung zu installieren. Nachdem zuvor bundesweit konservative Gesprächskreise gebildet worden waren, gründeten im Dezember 1992 knapp 200 Unionspolitiker das Deutschlandforum als Dachorganisation. Ohne eine nachhaltige Breitenwirkung innerhalb der CDU entfalten zu können, kam es 1998 zum Bruch mit der Partei und anschließend zu einer schleichenden Selbstauflösung. Wenn aber die Sammlung konservativer Kräfte bereits innerhalb der Union nicht gelingt, scheint sich die CDU tatsächlich keine Sorgen machen zu müssen, dass einst "aus dem Nichts" eine konservative Partei entstehen könnte, um mit ihr zu konkurrieren. Solange die konservative Wählerklientel in Deutschland so gering ist und solange sich die Umstände nicht so entwickeln, dass sich daran Wesentliches ändert, solange hat die CDU nichts zu befürchten. Solange kann ihr das Dilemma der Konservativen egal sein, das Ende November 2006 in der *Frankfurter Neuen Presse* wie folgt beschrieben wurde: Konservative haben innerhalb der CDU kaum Einfluss und außerhalb der CDU finden sie keine Heimat.

5.3. „Konservatives" jenseits von Parteien

Seit 1961 sind Konservative nicht mehr durch eine eigene Partei im Bundestag vertreten. Die CDU als natürliche Erbin der konservativen Wählerklientel zeigt kein Interesse, das Konservative besonders zu pflegen. Es stellt sich demnach die Frage, ob es jenseits der Parteipolitik noch einen nennenswerten Konservativismus in Deutschland gab bzw. gibt. Im Folgenden werden vier Versuche, den Begriff „konservativ" zu besetzen, in aller Kürze behandelt. Hierbei handelt es sich jeweils um zwei Selbstbezeichnungen von Autoren, die für sich den Begriff „konservativ" reklamieren, bzw. um zwei Fremdbezeichnungen von Autoren, die sich gegenüber dem Begriff „konservativ" abgrenzen wollen. Ohne die Frage bereits vorab beantworten zu wollen, ob bei den vier Versuchen sinnvoller Weise noch von Konservativismus gesprochen werden kann oder nicht, so fällt von vornehrein auf, dass alle „konservativ" nur mit einem Zusatz verwenden. Bei den zwei Selbstbezeichnungen ist von einem ökologischen bzw. einem Liberal-Konservatismus die Rede. Bei den zwei Fremdbezeichnungen werden der Zusatz „technokratisch" bzw. die Vorsilbe „Neo-" verwendet.

In den beiden Jahrzehnten nach dem Krieg wurde „konservativ" im öffentlichen bzw. linksintellektuellen Sprachgebrauch weithin mit reaktionär, restaurativ bzw. faschistoid in ein gemeinsames Bezugsfeld gesetzt. Interessierte Kreise wurden nicht müde zu behaupten, der Konservativismus habe dem Nationalsozialismus geistig den Weg bereitet und politisch die Pforten geöffnet. Folglich habe er für alle Zeiten seine ideologische Unschuld verloren. Der Widerstand von Konservativen gegen den Nationalsozialismus, den diese und deren Familienangehörige häufig mit ihrem Leben bezahlen mussten, wurde als unentschlossen und dilettantisch abgewertet (Michel 1983:56). Deshalb wurde der Begriff „konservativ" in den 1950er und 1960er Jahren – wenn überhaupt – dann als negative Fremdbezeichnung verwendet. Das änderte sich erst in Reaktion auf die Studentenbewegung nach 1968. In einer Atmosphäre, in der die nachwachsende Generation beinahe alles in Frage zu stellen schien, bekannten sich immer mehr zu dem Althergebrachten und Bewährten. In einem Leitartikel der *„Frankfurter Allgemeinen Zeitung"* wurde im Oktober 1970 noch sehr zaghaft gefragt: Darf man heute konservativ sein?

Bereits im selben Jahr erschienen erstmals in der Nachkriegszeit zwei konservative Zeitungen: *„Criticón"* und *„Konservativ-heute"*. 1974 kam es dann zur Tendenzwende in der Bundesrepublik; von nun an galt es geradezu als chic, sich konservativ zu geben. Ende März 1974 konstatierte die Wochenzeitung „DIE ZEIT": Man trägt wieder konservativ. In dieser Zeit erschienen mehrere Sammelbände und eine Monographie von Gerd-Klaus Kaltenbrunner über das Thema „Konservatismus". Hierin ging es ihm ausdrücklich nicht um eine Rekonstruktion des Konservativismus des 19. Jahrhundert, sondern vielmehr um eine Distanzierung von der Tradition. Der Konservatismus steht seiner Meinung nach nicht für bestimmte Inhalte, sondern müsse stets neu formuliert werden und immer wieder von vorne anfangen. Für seine Zeit plädierte Kaltenbrunner für einen ökologisch argumentierenden Konservatismus. Dabei verbinde einen ökologischen Konservativen der Moderne mehr mit einem Marxisten des 20. Jahrhunderts als mit einem Konservativen des 19. Jahrhunderts. Offensichtlich verwendete Kaltenbrunner den Begriff „konservativ" im Sinne einer Worthülse, mit der relativ zu den zeitlichen Umständen und relativ zum Betrachter jeweils Unterschiedliches bezeichnet werden könne.

Bei dem zweiten Ansatz einer „konservativen" Selbstbezeichnung handelt es sich um die so genannte „Schule von Münster". Zu ihren bekanntesten Vertretern gehört Hermann Lübbe. Dieser hat sein konservatives Selbstverständnis immer wieder in Aufsätzen artikuliert. Bei deren Lektüre fällt auf, dass auch Lübbe den Begriff „konservativ" nicht mit konkreten Inhalten in Zusammenhang bringt. Seine Formulierungen bleiben unbestimmt: Es gelte „zukunftsfähige Herkunftsbestände", das „unwiederbringlich Gute", das Unverzichtbare zu bewahren bzw. das, was fortschrittsabhängig knapp werde. Da unsere individuellen und institutionellen Kapazitäten zur Verarbeitung von Innovationen begrenzt seien, fordert Lübbe den schonenden Umgang mit den kulturellen, ökologischen, institutionellen und moralischen Ressourcen, die sich unwiederbringlich durch den zivilisatorischen Prozess verknappen. Da jede Veränderung sicher Verluste und (nur) möglichen Gewinn bedeute, gelte die Beweislastregel: Der Fortschritt ist begründungsbedürftig, nicht die Tradition. Bis zum Beweis des Gegenteils gelte es, der Vernünftigkeit gegebener Zustände und geltender Normen zu vertrauen. Angesichts solcher Formulierungen wird deutlich, dass Lübbe weniger ein Konservativer als ein Traditionalist ist, der nicht Bestimmtes bewahren will, sondern für das Bewahren als solches eintritt.

„Konservativ" als Selbstbezeichnung

Gerd-Klaus Kaltenbrunner (geboren 1939)

Nach seinem Jurastudium in Wien übersiedelte der gebürtige Österreicher 1962 nach Deutschland, wo er bei verschiedenen Verlagen als Lektor bzw. Herausgeber tätig wurde. Ab 1974 gab Kaltenbrunner die Taschenbuchzeitschrift „Herderbücherei Initiative" heraus. Der Titel des ersten Bandes dieser Reihe, „*Tendenzwende*", wurde zum Schlagwort für die Gegenbewegung zu „1968". Der dritte Band hatte „*Die Herausforderung der Konservativen*" (1974) zum Thema. Bereits zuvor hatte Kaltenbrunner zwei Sammelbände zum gleichen Thema herausgegeben: „*Rekonstruktion des Konservatismus*" (1972) bzw. „*Konservatismus international*" (1973). Es folgte 1975 die Monographie „*Der schwierige Konservatismus*". Seit über einem Jahrzehnt beschäftigt sich Kaltenbrunner allerdings nicht mehr mit diesem Thema.

„Schule von Münster"

Mit diesem Begriff wird ein Kreis von Wissenschaftlern bezeichnet, die gemeinsam an den philosophischen Seminaren von Professor Joachim Ritter (1903-1974) an der Universität Münster teilnahmen und deren Schriften später eher als „konservativ" eingestuft wurden. Als ihre bekanntesten Vertreter werden außer Hermann Lübbe Robert Spaemann (geboren 1927) und Odo Marquard (geboren 1928) genannt. Spaemann lehrte Philosophie in Stuttgart, Heidelberg und bis zu seiner Emeritierung 1992 in München. Er beteiligte sich an der „Tendenzwende", indem er gegen die antiautoritäre Erziehung polemisierte. Marquard lehrte Philosophie in Münster und bis zu seinem Ausscheiden 1993 in Gießen. Im Gegensatz zu Lübbe hat sich keiner von beiden intensiver mit dem Begriff „konservativ" beschäftigt.

Hermann Lübbe (geboren 1926)

Lübbe war ab 1963 Professor für Philosophie an der Universität Bochum. Für die SPD übernahm er das Amt eines Staatssekretärs, zunächst zuständig für Hochschulen, dann für die nordrhein-

> westfälische Staatskanzlei. In diese Zeit fällt seine Auseinandersetzung mit den schul- und hochschulpolitischen Vorstellungen der „68er". Nach seiner Professur für Sozialphilosophie in Bielefeld ab 1969 wechselte Lübbe 1971 auf den Lehrstuhl für Philosophie und politische Theorie der Universität Zürich, wo er bis zu seiner Emeritierung 1991 blieb. Lübbe hat sich in mehreren Aufsätzen immer wieder mit dem Begriff „konservativ" beschäftigt.

Als Fremdbezeichnung wurde der Begriff „konservativ" Anfang der 1970er Jahre für etwas verwendet, was als „technokratischer Konservatismus" bezeichnet wurde. Als Vertreter dieses letzten Versuchs, „eine kohärente konservative Weltanschauung zu formulieren", wurden Autoren wie Hans Freyer, Arnold Gehlen, Ernst Forsthoff und Helmut Schelsky genannt. Man warf ihnen vor, durch die Propagierung der Notwendigkeit eines technischen Staates in der Industriegesellschaft die Sachgesetzlichkeit an die Stelle des politischen Volkswillens setzen zu wollen. Die wissenschaftlich-technische Kompetenz habe ihnen mehr gegolten als die demokratische Partizipation. Angestrebt würde eine Expertokratie, in der sich Hierarchien aufgrund des Leistungsprinzips bildeten. Inwiefern es sich bei diesem so genannten „technokratischen Konservatismus" tatsächlich um ein konservatives Phänomen handelt, ist aus mindestens zwei Gründen fraglich. Erstens verwendeten die besagten Autoren für sich selbst die Bezeichnung „konservativ" ausdrücklich nicht. Zweitens räumten selbst ihre Gegenspieler ein, dass es sich nicht um eine Fortsetzung, sondern vielmehr um einen Bruch mit den konservativen Traditionen des 19. Jahrhunderts handele. Denn zum einen würde – für Konservative eigentlich ausgeschlossen – die Trennung von Politik und Moral vollzogen. Zum anderen würde der technischen Rationalität ein Vorrang eingeräumt, obwohl Konservative eigentlich eine Ökonomisierung der Gesellschaft ablehnten.

Schließlich kam im Verlauf der 1970er Jahre noch die Fremdbezeichnung „Neokonservatismus" auf. Die sich radikalisierende Studentenbewegung betrachtete seiner Zeit alles als „konservativ", was mit ihrem neomarxistischen Selbstverständnis unvereinbar war. Ausdruck fand diese Sichtweise in Streitschriften wie „*Der neue Konservatismus der siebziger Jahre*" oder „*Konservativismus*". Hierin wurde argumentiert, dass sich mit der Durchsetzung des Interventions- und Sozialstaates die Konzepte von Konservativismus, Liberalismus und Sozialismus aufgelöst hätten. Übrig geblieben sei die Allerweltsformel einer alle Konzepte umgreifenden Politik der Mitte. Diese würde vertreten durch eine Einheitsfront von parteipolitischen Rechts- und Industriekreisen bis hin zu sozialdemokratisch durchsetzten Bürokratien. Als dann mit der Wirtschaftskrise 1973 das Versagen des Interventions- und Sozialstaates immer offensichtlicher geworden sei, hätte man allmählich von einer nachfrageorientierten Wirtschaftspolitik auf den freien Markt umgestellt. Deshalb sei der Begriff „Neokonservatismus" eigentlich überflüssig, weil er deckungsgleich geworden sei mit „Neoliberalismus"

Ähnlich wie in der Parteipolitik scheint auch jenseits der Parteien nichts von einem Konservativismus übrig geblieben zu sein, der diese Bezeichnung verdient. Bisweilen wurde der Begriff „konservativ" zwar noch als Selbstbezeichnung verwendet. In diesen Fällen diente er aber entweder als Leerformel für beliebige Inhalte wie bei Kaltenbrunner oder er wurde in einem traditionalistischen Sinne verwendet, um das Bewahren als solches zu rühmen, wie bei Lübbe. Als Fremdbezeichnung wurde „konservativ" nicht weniger beliebig verwendet. Wer und was zum „technokratischen Konservativismus" zu rechnen sei, wurde festgelegt, ohne sich davon beirren zu lassen, dass die so Bezeichneten die Titulierung ablehnten und der Name aufgrund von inhaltlichen Unterschieden nicht zu passen schien. Schließlich scheint der Begriff „konservativ" nicht einmal mehr die Funktion zu erfüllen, in negativer Absicht verwendet zu werden. In diesem Sinne wird mittlerweile die Fremdbezeichnung „Neoliberalismus" vorgezogen. Ebenfalls vergleichbar zur parteipolitischen Entwicklung ist auch jenseits von Parteien die Sinnentleerung des Begriffs „konservativ" zu beobachten: 1981 fragte die Wochenzeitung „DIE ZEIT" 17 Publizisten und Schriftsteller: Was heißt hier konservativ? Alle Befragten bekannten sich zu konservativen Prinzipien, nur verstand hierunter jeder etwas anderes.

5. 4. Literatur

Als beste Überblicksliteratur für den Konservativismus nach 1950 sei auf den aktuellen Sammelband von Kroll verwiesen. Die Autoren widmen sich hierin sowohl „konservativen" Organisationen wie dem Beamtentum, der Bundeswehr oder den Vertriebenen als auch etlichen

„konservativen" Einzelpersonen in der Bundsrepublik. Aufsätze mit Überblickscharakter befinden sich außerdem in den Sammelbänden von Faber (siehe weiter unten) bzw. Kaltenbrunner, auf den bereits im Unterkapitel 4.4. hingewiesen wurde. Als Spezialstudie über den Liberalkonservativismus sei das Buch von Hacke genannt. Einen kritischen Blick werfen die ältere „undogmatische Bestandsaufnahme" von Lasky sowie der Aufsatz von Puhle.

- **Kroll**, Frank-Lothar (Hrsg.): Die kupierte Alternative. Konservatismus in Deutschland nach 1945. Berlin 2005 (Duncker & Humblot).
- **Hacke**, Jens: Philosophie der Bürgerlichkeit. Die liberalkonservative Begründung der Bundesrepublik. Göttingen 2006 (Vandenhoeck & Ruprecht).
- **Lasky**, Melvin J. (Hrsg.): Was heißt konservativ heute? Eine undogmatische Bestandsaufnahme. Weinheim 1984 (Beltz Verlag).
- **Puhle**, Hans-Jürgen: Konservatismus und Neo-Konservatismus: deutsche Entwicklungslinien seit 1945. In: Rainer Eisfeld / Ingo Müller (Hrsg.): Gegen Barbarei. Essays Robert M.W. Kempner zu Ehren. Frankfurt/M. 1989 (Athenäum Verlag). S.399-423.

Zu der einschlägigen Überblicksliteratur, die „Konservativismus" als Fremdbezeichnung in einem negativen Sinne verwendet, gehört die Studie von Grebing sowie die Sammelbände von Greiffenhagen, Schumann bzw. Michel.

- **Grebing**, Helga: Konservative gegen die Demokratie. Konservative Kritik an der Demokratie in der Bundesrepublik. Frankfurt/M. 1971 (Europäische Verlagsanstalt).
- **Greiffenhagen**, Martin (Hrsg.): Der neue Konservatismus der siebziger Jahre. Reinbek bei Hamburg 1974 (Rowohlt Taschenbuch Verlag).
- **Schumann**, Hans-Gerd (Hrsg.): Konservativismus. Königstein/Ts. ²1982 (Athenäum).
- **Michel**, Karl Markus / Tilmann Spengler (Hrsg.): Konservatismus im Angebot. Kursbuch 73. Berlin 1983 (Rotbuch Verlag).

Quellen zur konservativen Phase der Deutschen Partei stellen die Monographien von Merkatz und Mühlenfeld als führende Mitglieder der DP-Bundestagsfraktion dar. Als Sekundärliteratur zum selben Thema sei auf die Spezialstudie von Meyn verwiesen. Als Versuche, das konservative Profil der CDU zu schärfen, können die Anläufe von Schoeps bzw. Mappus gelten. Über die programmatische Entwicklung der Union in ihrer Anfangszeit gibt die Kölner Promotion von Buchhass Auskunft.

- **Merkatz**, Hans-Joachim von: Die konservative Funktion. Ein Beitrag zur Geschichte des politischen Denkens. München 1957 (Albert Langen Georg Müller Verlag).
- **Mühlenfeld**, Hans: Politik ohne Wunschbilder. Die konservative Aufgabe unserer Zeit. München 1952 (Oldenbourg Verlag).
- **Meyn**, Hermann: Die Deutsche Partei. Entwicklung und Programmatik einer national-konservativen Rechtspartei nach 1945. Düsseldorf 1965 (Droste Verlag).
- **Schoeps**, Hans Joachim: Der Versuch einer konservativen Sammlung oder die fehlende politische Chance. In: Ders.: Ja – Nein – und Trotzdem. Erinnerungen, Begegnungen, Erfahrungen. Mainz 1974 (Hase & Koehler Verlag). S.159-200.
- **Mappus**, Stefan / Markus Söder / Philipp Missfelder / Hendrik Wüst: Moderner Bürgerlicher Konservatismus – Warum die Union wieder mehr an ihre Wurzeln denken muss. 2007. In: http://faz.net. Abgerufen am 06.09.2007.
- **Buchhaas**, Dorothee: Die Volkspartei. Programmatische Entwicklung der CDU 1950-1973. Düsseldorf 1981 (Droste Verlag).

Zu denjenigen, die sich selbst als Konservative bezeichnen, wenngleich auch nur mit Einschränkungen, gehören Kaltenbrunner, Rohrmoser und Lübbe. Die Bücher über Konservativismus von Kaltenbrunner und Rohrmoser sowie auch von Gauland aus dem Umfeld der CDU wurden bereits in Kastenform weiter oben im Text aufgeführt, weshalb sie an dieser Stelle nicht ein zweites Mal auftauchen. Es bleibt demnach „nur" noch, die einschlägigen Aufsätze von Lübbe zum Begriff „konservativ" zu nennen und bei der Sekundärliteratur auf die Arbeiten von Nolte zu verweisen.

- **Lübbe**, Hermann: Konservativ – ein Wort im Streit. In: Ders.: Zwischen Trend und Tradition. Überfordert uns die Gegenwart? Zürich 1981 (Verlag A. Fromm). S.60-67.
- **Lübbe**, Hermann: „Konservativismus in Deutschland – gestern und heute" Und: „Neokonservative in der Kritik. Eine Metakritik".

In: Ders.: Fortschrittsreaktionen. Über konservative und destruktive Modernität. Graz, Wien, Köln 1987 (Verlag Styria). S.11-40.
- **Lübbe**, Hermann: Konservativismus, Liberalismus und Sozialismus – stehen sie noch zur Wahl? In: Ders.: Freiheit statt Emanzipationszwang. Die liberalen Traditionen und das Ende der marxistischen Illusionen. Osnabrück 1991 (Verlag A. Fromm). S.56-74.
- **Lübbe**, Hermann: Struktureller Konservativismus. Gespräch mit Christophe De Landtsheer, Brüssel. In: Ders.: Modernisierung und Folgelasten. Trends kultureller und politischer Evolution. Berlin 1997 (Springer-Verlag). S.328-338.
- **Nolte**, Paul: „Konservatismus in Deutschland. Geschichte – und Zukunft?" Und: „Rückkehr der Werte? Konservative Profile in einer neuen Moderne." In: Ders.: Generation Reform. Jenseits der blockierten Republik. München 2004 (C.H. Beck Verlag). S.200-219 bzw. S.219-232.

Zu denjenigen, die den Konservativismus als Fremdbezeichnung verwenden, gehören die Studien über den so genannten technokratischen Konservativismus. Verwiesen sei auf den Sammelband von Grube sowie auf den Abschnitt „*Der technokratische Konservatismus*" in Greiffenhagens Buch „*Das Dilemma des Konservatismus in Deutschland*", auf das bereits im Kapitel 1.4. hingewiesen wurde. Des Weiteren sei verweisen auf den Aufsatz „*Technischer Staat*" in der Aufsatzsammlung von Faber. Als Beiträge zum Neokonservatismus sei verwiesen auf die Monographie von Dubiel sowie auf den Aufsatz von Saage.

- **Grube**, Frank / Gerhard Richter (Hrsg.): Die Utopie der Konservativen. Antworten auf Helmut Schelskys konservatives Manifest. München 1974 (R. Piper & Co. Verlag).
- **Faber**, Richard (Hrsg.): Konservatismus in Geschichte und Gegenwart. Würzburg 1991 (Verlag Königshausen & Neumann).
- **Dubiel**, Helmut: Was ist Neokonservatismus? Frankfurt/M. 1987 (Suhrkamp Verlag).
- **Saage**, Richard: Neokonservatismus. In: Ders.: Arbeiterbewegung, Faschismus, Neokonservatismus. Frankfurt/M. 1987 (Suhrkamp Verlag). S.197-266.

6. Konservativismus am Ende?

In Deutschland gibt es seit über siebzig Jahren keine Partei mehr, die den Begriff „konservativ" in ihrem Namen führte. Seit über fünfzig Jahren gibt es keine deutsche Partei mehr, die den Begriff „konservativ" in den Mittelpunkt ihrer Programmatik stellte. Seit über dreißig Jahren gibt es auch jenseits von Parteien keine politische Bewegung oder maßgebliche Einzelperson mehr, die den Begriff „konservativ" inhaltlich profiliert und ohne Einschränkungen auf sich selbst anwenden würde. Selbst für die Feinde des Konservativen hat der Begriff seine Bedeutung verloren; sie bezeichnen ihre Gegner lieber als „neoliberal". Ein Ende der letzten Phase in der Entwicklung des Konservativismus, die Phase der Bedeutungslosigkeit seit 1950, ist nicht abzusehen. Vielmehr ist zu fragen, ob der Konservativismus als solches an sein Ende angelangt ist. Bevor hierauf näher eingegangen werden soll, fasst das Unterkapitel 6.1. die Entwicklung des Konservativismus in seinen vier Phasen nochmals zusammen: Von seiner Entstehung bis 1830, seiner Hochphase bis 1918, über seine Orientierungslosigkeit bis 1949 bis zu seiner momentanen Bedeutungslosigkeit. In Unterkapitel 6.2. ist zu klären, inwiefern die konservativen Kerntheoreme kontinuierlich vertreten wurden bzw. wann sich welche, weshalb und in welche Richtung verändert haben. Das Unterkapitel 6.3. wagt schließlich einen Ausblick im Sinne konservativer Perspektiven.

6.1. Konservativismus im Zeitraffer

Die Entwicklung des Konservativismus in Deutschland vollzog sich in vier Phasen. Die Entstehungsphase umfasst die Zeit bis 1830. An dessen Beginn stand das Gedankengut der „societas civilis", wie es beispielsweise durch Aristoteles formuliert worden war. Dieses wurde aber erst dann als Vorkonservativismus zusammenhängend und selbstbewusst formuliert, als seine Grundauffassungen in Frage gestellt wurden: Das geschah zunächst durch die absolutistische Herausforderung von oben seit dem 16. Jahrhundert, wie sie beispielsweise durch Thomas Hobbes vorgetragen wurde; dann durch die aufklärerische bzw. revolutionäre Herausforderung von unten ab 1770 bzw. ab 1789, wie sie beispielsweise von Jean-Jacques Rousseau vertreten wurde. Als Vertreter des Frühkonservativismus reagierten Justus Möser auf die Aufklärung und Wilhelm August Rehberg auf die Revolution. Während der Bewegung der politischen Romantik um Adam Müller beschäftigte sich der Konservativismus erstmals intensiver mit dem Wirtschaftsdenken. Außerdem wurden die ideengeschichtlichen Grundlagen des Konservativismus während und im Anschluss an die politische Romantik mittels der ersten „konservativen" Zeitschriften einer breiteren Öffentlichkeit vermittelt. Die Entstehungsphase des Konservativismus endete schließlich 1830 damit, dass der Begriff „konservativ" erstmals als ein politisch gebrauchtes Wort in Deutschland erschien, wenngleich noch ohne fest umrissene Bedeutung.

Die Hochphase des Konservativismus in Deutschland liegt zwischen 1830 und 1918. Konservative gruppierten sich verstärkt um politische Zeitungen, sodass der Begriff „konservativ" allmählich die Bezeichnung für eine bestimmte politische Richtung wurde. Maßgeblich beteiligt an dieser Entwicklung war Viktor Aimé Huber. Im Ersten Vereinigten Landtag in Preußen 1847, in der verfassungsgebenden Versammlung in Berlin und in der Frankfurter Nationalversammlung 1848 trafen sich Gleichgesinnte erstmals in politischen Clubs. Die Konservativen in Frankfurt um Joseph Maria von Radowitz versammelten sich regelmäßig im Café „*Milani*". Die preußischen Konservativen um Ernst Ludwig von Gerlach arbeiteten in der Redaktion der „*Kreuzzeitung*" zusammen. Die Konservativen verbreiterten ihre Basis, indem sie allein in Preußen über 300 „konservative" Vereine mit insgesamt 60.000 Mitgliedern bildeten. Diese schlossen sich am 27. August 1848 organisatorisch zusammen. Als der preußische König am 5. Dezember 1848 eine Verfassung oktroyierte, spalteten sich die Konservativen auf: Die Hochkonservativen der „*Kreuzzeitung*" lehnten jegliche Verfassung aus prinzipiellen Gründen ab; die gemäßigt Konservativen des „*Wochenblattes*" wollten zukünftig konservative Politik auf der Grundlage der Verfassung betreiben.

Von Anfang an fehlte dem Konservativismus als politischer Bewegung ein gemeinsamer politischer Grundkonsens. Außerdem verbot die Vereinsgesetzgebung vom März 1850 regional übergreifende Organisationen. Deshalb wurde die erste konservative Partei erst 1861 gegründet. Es handelte sich hierbei um den „*Preußischen Volksverein*" unter der Führung von Hermann Wagener. Angesichts der Politik des Otto von Bismarck kam es 1866 zu einer Dreispaltung des Konservativismus. Die Ultrakonservativen um Ernst Ludwig von Gerlach waren absolute Bismarck-Gegner. Sie manövrierten sich nach und nach ins parteipolitische Abseits. Die gemäßigten Konservativen gründeten in der Nachfolge der „*Wochenblattpartei*" 1866 die „*Freikonservative Partei*". Diese unterstütze Bismarcks Politik ohne Einschränkungen; sie war die „Partei Bismarcks sans phrase". Die verbliebenen Hochkonservativen um Hermann Wagener unterstützten Bismarck außenpolitisch, lehnten seine innenpolitische Anbiederung an die Liberalen aber ab. Nach dem endgültigen Bruch Bismarcks mit den Ultrakonservativen beteiligte er sich 1876 an der Neugründung einer hochkonservativen Partei: „*Die Deutsche Konservative Partei*".

Nach 1876 konnte sich Bismarck sowohl auf die Freikonservativen als auch auf die Deutschkonservativen stützen. Bis zu seinem Sturz 1890 entfalteten die konservativen Parteien in dieser Zeit ihre größte Wirkung auf die Politik in Deutschland. Danach verloren sie beinahe kontinuierlich an politischem Einfluss. Entweder stützten sich die Reichskanzler auf breitere Bündnisse unter Einschluss mehrerer Parteien oder kleine Koalitionen mit Konservativen scheiterten, weil man sich nicht auf eine gemeinsame Politik einigen konnte. Anlässlich der Kriegszieldebatte während des Ersten Weltkrieges bildeten sich 1916 zwei Parteigruppen heraus. Die konservativen Parteien fanden sich erstmals in einer strategischen Minderheitenposition. Die Konservativen standen zusammen mit den Rechtsliberalen einer linken Reichstagsmehrheit gegenüber, bestehend aus Sozialdemokraten, Linksliberalen und dem Zentrum. Als es 1918 zur Revolution in Deutschland kam und die linke Mehrheit die Macht übernahm, verschwanden – abgesehen von einer kurzzeitigen Ausnahme 1930 – Parteien aus der deutschen Parteiengeschichte, die den Begriff „konservativ" in ihrem Namen führen.

Die wesentlichen Ziele des parteipolitisch organisierten Konservativismus hatten darin bestanden, die halbparlamentarisch verfasste Monarchie vor weiteren Veränderungen zu bewahren. Als nach dem Ersten Weltkrieg die Monarchie durch eine Republik abgelöst wurde, schloss sich für den Konservativismus in der Zeit zwischen 1918 und 1949 eine Phase der Orientierungslosigkeit an. Es gründete sich die Deutschnationale Volkspartei (DNVP) als Sammlungspartei für Deutschkonservative, Freikonservative, Völkische, Christ-Soziale und eine Gruppe von Nationalliberalen. Hierbei handelte es sich von Anfang an um einen heterogenen Zusammenschluss, von dem fortwährend Kräfte abfielen. Solange die DNVP in klarer Opposition zum System von

Weimar verharrte, feierte sie Wahlerfolge. Als sie sich ab 1925 zeitweilig an der Regierung beteiligte, musste sie bei den Reichstagswahlen 1928 eine herbe Niederlage einstecken. Anlässlich der Streitfrage „Fundamentalopposition oder Regierungsbeteiligung" spaltete sich die DNVP. Kurzzeitig bildeten die gemäßigten Konservativen 1930 die „*Konservative Volkspartei*". Sie errang bei den anschließenden Reichstagswahlen allerdings lediglich vier Mandate; insgesamt konnten nur noch 40 Abgeordnete dem konservativen Lager zugerechnet werden.

1929 wurde Ewald von Kleist-Schmenzin zum Vorsitzenden des „*Hauptverein der Konservativen*" gewählt, eine Nachfolgeorganisation der Deutschkonservativen. Trotz seines politischen Einflusses konnte er es nicht verhindern, dass Adolf Hitler zum Reichskanzler ernannt und das Ermächtigungsgesetz auch mit Stimmen Konservativer beschlossen wurde. Im Juli 1933 wurden alle anderen Parteien außer derjenigen Hitlers verboten; dieser übernahm im Spätsommer 1934 auch noch die Funktionen des Reichspräsidenten und des Oberbefehlshabers der Reichswehr. Eine einheitliche Einstellung der Konservativen zum Führerstaat Adolf Hitlers und dessen nationalsozialistischen Massenbewegung gab es nicht. Angesichts Hitlers außen- und wirtschaftspolitischen Erfolge bis 1938 wurden auch viele Konservative zu Hitleranhängern. Die Reaktionen Konservativer reichten vom Überlaufen unter Abschwörung der konservativen Vergangenheit über das Stillhalten und die Anpassung bis zum Widerstand mit Todesfolge. Der konservative Widerstand wurde angeführt durch Carl Goerdeler, Ulrich von Hassell und Ludwig Beck. Viele der konservativen Widerständler kamen im Zusammenhang mit dem gescheiterten Staatsstreich vom 20. Juli 1944 ums Leben.

Dieser Aderlass sollte den Konservativismus stark schwächen, auch für die Zeit nach 1945. Hinzu kam, dass die protestantisch-konservativen Hochburgen im Osten des Landes und somit in der sowjetisch besetzten Zone lagen, sodass sie für eine Neugründung eines politisch organisierten Konservativismus ausfielen. Die drei westlichen Besatzungsmächte forderten die Deutschen auf, eine verfassungsgebende Versammlung einzuberufen, die eine demokratische Verfassung föderalistischen Typs ausarbeiten solle. In der französischen und in der amerikanischen Besatzungszone wurden überdies Parteizulassungen restriktiv gehandhabt. Auf dem rechten bürgerlichen Lager wurde zunächst „nur" einer Partei die Lizenz erteilt, der Christlich Demokratischen Union (CDU). Konservative, die sich hier politisch engagieren wollten, fanden zur Union keine Alternative. Die

CDU nahm ihrerseits gleich zu Beginn ihres Werdens wichtige Weichenstellungen vor. Sie gründete sich als überkonfessionelle, demokratische Volkspartei, die ab 1948 für das Konzept der „Sozialen Marktwirtschaft" eintrat.

Die Entwicklung des Konservatismus mündet schließlich ab 1950 in eine Phase der Bedeutungslosigkeit. Aufgrund der Beschränkungen bei den Parteizulassungen konnte zur CDU überhaupt nur in der britischen Besatzungszone eine konservative Alternative entstehen. Die Deutsche Partei blieb bisher die einzige Partei nach dem Zweiten Weltkrieg in Deutschland, die den Begriff „konservativ" in den Mittelpunkt ihrer Programmatik stellte. Nach deren Spaltung war für die konservative Wählerklientel die CDU ab 1961 zur alternativlosen Erbin geworden. Diese lehnte es aber ab, sich einseitig als „konservativ" zu positionieren. Stattdessen definierte sie sich als Partei der Mitte, sodass in ihren Grundsatzprogrammen von 1978, 1994 bzw. 2007 der Begriff nur noch als Teil einer Aufzählung auftauchte: Die CDU sei konservativ, liberal, sozial. Da die CDU es zudem versäumte, näher zu bestimmen, was sie unter „konservativ" verstand, wurde der Begriff im Laufe der Zeit beliebig neu definiert, vom politischen Mitbewerber für sich beansprucht und verlor jede Identifikations- und Integrationsfunktion. Jenseits der Parteien tauchte nach 1968 nur noch ein begrifflich eingeschränkter Konservatismus auf: Der ökologische bzw. Liberal-Konservatismus von Gerd-Klaus Kaltenbrunner bzw. Hermann Lübbe sowie der technokratische bzw. Neo-Konservatismus als Fremdbezeichnung. Die begrifflichen Bezugnahmen erfolgten allerdings weitestgehend unabhängig von bestimmten Inhalten aus der Geschichte des Konservatismus.

6. 2. Konservative Kerntheoreme

In der Einleitung wurde zunächst von der Hypothese ausgegangen, es gebe bestimmte Kerntheoreme, die in der Geschichte des Konservatismus kontinuierlich vertreten würden. In der vorliegenden Darstellung wurde eingegangen auf das Konzept der „societas civilis" als Vorkonservatismus, auf den Frühkonservatismus eines Justus Möser, auf den Anti-Revolutionismus eines Wilhelm August Rehberg, auf das Wirtschaftsdenken eines Adam Müller und es wurden vergleichende Abstecher gemacht auf den britischen Traditionalismus eines Edmund Burke und den französischen Legitmismus eines Joseph de

Maistre. Für die Zeit, in denen sich der Konservativismus nennenswert parteipolitisch organisierte, liegen die Programmatik und Wahlaufrufe der „Kreuzzeitung", des „Wochenblattes", des „Preußischen Volksvereins", der „Freien Konservativen Partei", der „Deutschen Konservativen Partei", der „Konservativen Volkspartei" ebenso vor wie die entsprechenden Schriften der „Deutschnationalen Volkspartei", der „Deutschen Partei" und die Grundsatzprogramme der CDU. Schließlich sei noch verwiesen auf die Beiträge des Ewald von Kleist-Schmenzin, des konservativen Widerstandes sowie von Hans Mühlenfeld und Hans-Joachim Merkatz.

Anhand dieser Quellen des Konservativismus fällt auf, dass tatsächlich bestimmte Ansichten entweder kontinuierlich oder immer wieder von Konservativen vertreten werden. Dabei weisen erwartungsgemäß insbesondere Auffassungen weniger Veränderungen auf, die weiter entfernt zur politischen Praxis liegen. Das gilt für A) die Ontologie, D) das Politikverständnis und E) das Menschenbild. Der anschließende Überblick soll zeigen, inwiefern sich welche konservativen Kerntheoreme wann, weshalb und in welcher Richtung verändert haben. Das gilt insbesondere für B) das Gesellschaftsbild, C) die Staatsvorstellung und F) das Wirtschaftsdenken.

A) Konservative Ontologie

Dass die ganze Welt falsch und verkehrt sei und durch das Eingreifen einzelner radikal verändert werden müsse, ist für Konservative nicht denkbar. Dass die Welt- und Lebensordnung grundsätzlich in Ordnung ist, wurde entweder religiös wie bei Kleist-Schmenzin, natürlich wie bei Aristoteles oder historisch im Sinne von bewährt begründet wie von Justus Möser und Wilhelm August Rehberg. Letzteres spiegelt ein Vertrauen in die überlieferte Tradition und in die Erfahrungen bzw. Leistungen der Vorfahren wider. Für Konservative ist es in diesem Sinne geboten, mittels einer erfahrungsgesättigten Vernunft zu prüfen, was von dem Bewährten weiter zu bewahren ist und was reformiert werden muss. Da sie ungern Vertrautes und Gutes für etwas Unbekanntes und vermeintlich Besseres hingeben, gehen Konservative von der Vernünftigkeit des Bestehenden bis zum Beweis des Gegenteils aus. Für sie gilt der Imperativ Rehbergs: *„Reißt nicht ein, was fehlerhaft ist, wenn ihr nicht sicher seid, Besseres zu machen"*!

D) Konservatives Politikverständnis

Die werthaltige Seinsordnung äußert sich für Konservative auch in Form eines vorgegebenen Rechts. Es umfasst u. a. Gesetze der Moralität und wird ebenfalls entweder religiös, naturrechtlich oder historisch begründet. Vom Recht, das Menschen machen, sei es zu unterscheiden. Insofern verstehen Konservative Politik als Ausübung eines rechtlichen bzw. sittlichen Prinzips. Recht bzw. Ethik und Politik bilden demnach eine Einheit. Recht in diesem Sinne ist für Konservative die grundlegende Ordnung von Gemeinschaften. Wenn diese dauerhaft bestehen sollen, sei die Einhaltung vorgegebener Normen notwendig. Da deren Einhaltung für Konservative freiwillig erfolgen muss, kann Politik nur entsprechende Rahmenbedingungen schaffen; erzwingen kann und soll sie die normativen Voraussetzungen nicht. Obwohl Konservative vom Letzten wissen, akzeptieren sie gelassen, dass Politik sich mit Vorletztem begnügen muss. Das ändert nichts daran, dass sich Politik für Konservative vor dem Letzten zu verantworten hat. Burke formulierte das so: *„Jedem, der Macht in irgendeinem Grad besitzt, kann der Gedanke nie lebendig und heilig genug vor dem Sinne schweben, dass er nur ein anvertrautes Gut verwaltet und dass er ... Rechenschaft abzulegen hat"*.

E) Konservatives Menschenbild

Der Mensch ist für Konservative ein soziales Wesen. Er ist zur Gemeinschaft bestimmt und stets Teil einer Gemeinschaft, von der Familie beginnend über den nachbarschaftlichen Nahbereich und der Heimat bis zur staatlichen Gemeinschaft. Der Mensch ist für Konservative außerdem ein religiöses Wesen, das niemals ablassen wird, sich zu fragen, woher es kommt und wohin es geht und was der Sinn seines irdischen Lebens ist. Andererseits vertreten Konservative ein skeptisches Menschenbild: In jedem Menschen finde sich das Fehlerhafte, das bei den meisten immer wieder zum Vorschein komme. Außerdem könnten alle Menschen irren, insbesondere wenn sie sich von Leidenschaften beherrschen lassen oder in der Masse auftreten. Aufgrund dieser Anfälligkeiten ist der Mensch für Konservative angewiesen auf Traditionen, Autoritäten und Institutionen. Für Konservative kann jeder Mensch zwar seine Defizite minimieren, sich selbst erlösen und dadurch grundsätzlich verändern könne sich der Mensch aber nicht.

Insofern bestehe weder ein Grund zur Hoffnungslosigkeit noch zur Selbstüberforderung. Es gilt das Fazit von de Maistre: *Der Mensch ist nicht gut genug, um völlig ungebunden zu sein.*

B) Konservatives Gesellschaftsbild

Die Individuen haben sich nicht aufgrund von Nützlichkeitserwägungen für die Gesellschaft entschieden, sondern sie sind für Konservative zum Zusammenleben in Gemeinschaften bestimmt. Die Vereinigung der Einzelnen in eine Gemeinschaft ergibt für Konservative nicht einfach eine Summe, sondern sie bildet durch das Zusammenwirken einen jeweils besonderen Geist, der aus der Vereinigung entspringt. Insofern bedeute Freiheit nicht Emanzipation von anderen, sondern realisiere sich in Bindungen. Konservative verstehen Freiheit als Verantwortungsmöglichkeit. Vieles könne deshalb unterhalb des Staates auf gesellschaftlicher Ebene durch Betroffene selbst oder freiwillige Vereinigungen (subsidiär) besser geregelt werden. Deshalb gelte es, Familie, Nachbarschaft, Gemeinde und Provinz gegen Einbrüche des zentralistischen Staates zu bewahren. Während bei der Lösung von gesellschaftlichen Problemen Sozialisten nach dem Staat riefen und Liberale der Marktwirtschaft vertrauten, wollen Konservative die Bürgergesellschaft aktivieren.

Von diesem konservativen Grundsatz wich Bismarck ab, als er den Norddeutschen Bund (1867-1871) vom Personenverband zum bürokratisch-zentralisierten Anstaltsstaat entwickelte. In dem Maße, wie der deutsche Staat zum wirtschaftlichen und sozialen Interventionsstaat wurde, verschwand die (subsidiäre) Ordnung von Staat und Gesellschaft, wie sie Konservative postulieren. Der Staat wurde unter Bismarck zum Exekutivorgan der Gesellschaft im liberalen Sinne. Im Zuge des Kulturkampfes zu Beginn der 1870er Jahre griff der Staat unter Bismarck immer tiefer in alle individuellen und gesellschaftlichen Verhältnisse ein. Und als die regierungstreuen Kräfte im Reich bei den Wahlen 1880 geschwächt wurden, wollte Bismarck durch seine Versicherungsgesetze die Bürger direkt an den Staat binden. Ultrakonservative Zeitgenossen kritisierten seiner Zeit, es habe nie zuvor eine so gründliche und systematische Herrschaft des Staates über das Individuum gegeben. Unter Bismarck sei das Deutsche Reich zur Verkörperung des Bevormundungssystems geworden. Der Staat sei alles, der Bürger nichts.

Die verschiedenen Menschen und gesellschaftlichen Gruppen tragen nach konservativer Vorstellung Unterschiedliches zur Lösung gesellschaftlicher Aufgaben bei. Die Menschen seien zwar vor Gott gleich, als individuelle Geschöpfe aber verschieden. Sie verfügten über unterschiedliche Gaben und Bedürfnisse und variierten hinsichtlich ihrer Sittlichkeit, ihrer Leistungsfähigkeit und ihrer Urteilskompetenz. Deshalb sei es ungerecht, alle gleich zu behandeln, obwohl die einen dem Gemeinwohl mehr nutzen und mehr zu ihm beitragen als die anderen. Maßstab ist hierbei ein Begriff von einer zuteilenden Gerechtigkeit, der jedem das Seine, nicht aber jedem das Gleiche zuspricht. Die Gleichbehandlung von Ungleichem sei ungerecht. Umgekehrt habe jeder die Pflicht, gemäß seiner Leistungsfähigkeit das Seine für die Gemeinschaft zu leisten. Konservative unterstützen demnach den aristotelischen Grundsatz: *Wer zu einer Gemeinschaft am meisten beiträgt, der soll auch über einen größeren Einfluss verfügen.*

C) Konservative Staatsvorstellung

Konservative verstehen den Staat als Gemeinschaft von Bürgern, welche diejenigen politischen Aufgaben wahrnimmt, die nicht auf einer Ebene unterhalb des Gesamtstaates gelöst werden können. Staatsorganisatorisch ist mit dieser Auffassung die Befürwortung des Föderalismus verbunden. Der Staat soll für Konservative gemeinwohlorientiert sein und ist somit den Gruppeninteressen in der Gesellschaft vorgelagert. Insofern verfüge er über eine besondere Autorität. Eingedenk des konservativen Menschenbildes wird eine Form von Demokratie skeptisch beurteilt, in der jedem dieselben Einflussmöglichkeiten eingeräumt werden. Vielmehr müsse denjenigen, die mehr zum Gemeinwohl beizutragen haben, ein größerer Einfluss, beispielsweise durch ein gewichtetes Stimmrecht, eingeräumt werden. Außerdem verstehen Konservative Demokratie ausschließlich als ein Prinzip politischer Herrschaft, das nicht auf (alle) gesellschaftlichen Verhältnisse wie z.B. Erziehung oder Ausbildung angewendet werden kann und soll. Für Konservative gilt der Grundsatz: *So viel Staat wie nötig, so wenig Staat wie möglich.*

Als im Zusammenhang mit dem Grundsatzprogramm der CDU von 2007 gefragt wurde, was hieran (noch) konservativ sei, waren sich führende Unionspolitiker nur in einem Punkt einig: Konservativ sei die Betonung der Nation, des Patriotismus bzw. der deutschen Leitkultur.

Ursprünglich war der nationale Gedanke ein wesentlicher Bestandteil der liberalen Bewegung, welche die deutsche Einheit forderte, damit die Nation durch eine gewählte Repräsentativversammlung vertreten werde. Erst als das monarchische Prinzip in den Augen Bismarcks nicht mehr über eine ausreichende Integrationskraft verfügte, instrumentalisierte er ab 1864 den Nationalstaatsgedanken für seine Interessen. In einer Reichstagsdebatte von 1879 warf Bismarck den Liberalen Handeln gegen nationale Interessen vor. Aus einer Waffe gegen den Obrigkeitsstaat war ein Instrument desselben geworden. Aber bereits die Deutschkonservativen betonten weniger ein Nationalgefühl als ein historisch verankertes Heimatempfinden und Zusammengehörigkeitsgefühl, die in längerem Zusammenleben und Zusammenwohnen entstehen. Dass Nationalstaaten eine europäische Gemeinschaft gründen sollten, tauchte bei Konservativen noch während des Zweiten Weltkrieges auf und blieb auch in der Nachkriegszeit bestimmend.

F) Konservatives Wirtschaftsdenken

Da sich die Gesellschaft für Konservative nicht auf das Eigeninteresse ihrer Individuen gründet, sondern auf Wechselverhältnisse und Gegenseitigkeit, lehnen sie eine kapitalistisch-individualistische Gesinnung ab. Wo reine Plusmacherei vorherrsche, diene das nur dem Vorteil der Mächtigen und Reichen und konservative Werte wie Sesshaftigkeit und Heimatverbundenheit würden gefährdet. Auch das Wirtschaften hat sich für Konservative am Gemeinwohl zu orientieren. Eigentum sei zwar zunächst Ausdruck von Freiheit, habe aber nicht den Interessen der einzelnen zu dienen, sondern Eigentum verpflichte; es müsse sich an der Wohlfahrt des Ganzen orientieren. Mehr Eigentum bedeute größere Verantwortung. Andererseits gelte es, Privateigentum zu schützen als Motivation für einzelne, anderen bzw. der Gemeinschaft zu helfen. Für Konservative gilt das Motto von Radowitz: *„Je höher die Schicht, je weiter die Pflicht"*.

In der Wirtschaftspolitik war es ebenfalls Bismarck, der sich – wenn auch nur kurzzeitig – von konservativen Grundsätzen entfernte. Um die Unterstützung der Nationalliberalen werbend, befürwortete er ab 1866 eine liberale Wirtschaftspolitik. Mit der Wirtschaftskrise ab 1873 begann sich der wirtschaftliche Konsens von Konservativen und liberalen Kräften wieder aufzulösen. Bismarck stützte sich ab 1876 auf die Deutschkonservativen, die für eine geordnete wirtschaftliche Freiheit standen. Danach blieb der Konservativismus bis nach dem Zweiten Weltkrieg bei seiner antikapitalistischen Grundhaltung. Das Konzept der „Sozialen Marktwirtschaft" konnte sich innerhalb der CDU 1948 durchsetzen, als Konrad Adenauer eine Alternative brauchte, um sich innerparteilich gegen konservative Kräfte einerseits und christlich-soziale Konkurrenten andererseits durchzusetzen.

Abbildung 12: Konservative Kerntheoreme

A) Ontologie, Weltanschauung	Gegebene, werthaltige Ordnung hat Vorrang, sei sie a) religiös, b) natürlich oder c) historisch als bewährt (Recht, Tradition) begründet.
B) Gesellschaftsbild	Gesellschaft als konkretes organisches Ganzes, die durch Tradition (Weisheit der Vorfahren), Gewohnheiten und Gebräuche zusammengehalten wird. Verschiedene soziale Gruppen erfüllen ihre Aufgaben zum Wohle aller. ⇨ Freiheit bedeutet Verantwortungsbereitschaft, d.h. Freiheit für etwas ⇨ Ordnung mit subsidiärer Aufgabenerfüllung ⇨ zuteilende Gerechtigkeit
C) Staatsvorstellung	Der Staat wird als Bürgervereinigung verstanden, der die in einer Gesellschaft anfallenden politischen Aufgaben wahrnimmt. So viel Staat wir nötig, so wenig Zentralstaat wie möglich. ⇨ Zusammengehörigkeitsgefühl ⇨ Der gemeinwohlorientierte Staat hat Vorrang vor den gesellschaftlichen Gruppeninteressen. ⇨ Autorität; ggf. Widerstand

D) Politikverständnis	Vorrang von Recht & Ethik vor der Politik, die sich diesbezüglich zu verantworten hat. Politik als Vorletztes
E) Menschenbild	Der Mensch ist... a) sozial (Familie, Gemeinschaften, Heimat, Gesellschaft, Staat); b) zugleich gut und fehlerhaft (irrtumsanfällig, leidenschaftlich, verführbar), weshalb er angewiesen bleibt auf Traditionen, Autoritäten und Institutionen; c) religiös.
F) Wirtschaftsdenken	Eigentum wird befürwortet. keine Eigengesetzlichkeit des Ökonomischen

6. 3. Ausblick: Konservative Perspektiven

Es scheint heute keinen aktionsfähigen Konservativismus mehr in Deutschland zu geben. Kaum jemand bezeichnet sich selbst als konservativ in einem spezifischen Sinn. Als Begriff taucht „konservativ" im politischen Alltagsgebrauch meist nur unspezifisch auf als Synonym, wenn beispielsweise die CDU als „konservative Partei" bezeichnet wird. Sogar als Fremdbezeichnung hat „konservativ" ausgedient; Linke bezeichnen ihre Gegner lieber als „neoliberal". Ist der Konservativismus damit am Ende? Das deutsche Parteiensystem ist nach der Bundestagswahl 2005 nachhaltig in Bewegung geraten. Im Deutschen Bundestag und in mehreren Landtagen sind mittlerweile fünf Parteien vertreten: CDU/CSU, SPD, FDP, Bündnis90/Die Grünen, Die Linke bzw. Freie Wähler. Wohin sich diese Kräfte im Einzelnen entwickeln und wie sich zukünftig die Wählerklientel orientieren wird, ist offen. Dass der Begriff „konservativ" unspezifisch geworden ist, muss nicht bedeuten, dass mit ihm auch die Anlässe verschwunden wären, konservative Positionen zu vertreten. Bei welchen Themen hätten Konservative

Möglichkeiten, sich zu profilieren? Zum Schluss dieser Arbeit soll kurz auf vier Aspekte eingegangen werden.

D) Das Politikverständnis als Chance konservativer Profilierung

Konservative gehen von einer Einheit von Ethik und Politik aus. Tatsächlich nehmen in den letzten Jahren Themen in der Politik an Bedeutung zu, die unweigerlich auf Fragen der Lebensweise verweisen. Drei Beispiele seien genannt. Erstens: Wann beginnt menschliches Leben? Wenngleich die Beantwortung dieser Frage durch den Kompromiss bei der Abtreibungsproblematik verdrängt werden konnte, stellt sie sich im Zusammenhang mit der Stammzellenforschung von neuem. Zweitens: Wann endet ein menschenwürdiges Leben? Ist jede Form der Existenzverlängerung wünschenswert, die medizinisch-technisch möglich ist? Eine Debatte über humanes Sterben steht in Deutschland noch aus. Drittens: Bei den Wanderungsbewegungen heutzutage muss geklärt werden, auf welcher Wertgrundlage Integration erfolgen soll. Eine solche Klärung setzt voraus, dass sich die aufnehmende Gesellschaft ihrer eigenen – nicht nur kognitiven, sondern eben auch ethischen – Wertgrundlagen erst einmal selbst bewusst wird. Welche Rolle spielt bei den eigenen Wertgrundlagen die Tradition bzw. die Religion?

C) Die Staatsvorstellung als Chance konservativer Profilierung

Fragen der Lebensweise können für Konservative zwar zu einer politischen Angelegenheit werden, sind aber niemals eine Sache des Zentralstaates. Konservative Prinzipien einer Minimierung von Staatstätigkeit und der Subsidiarität stehen dem entgegen. Der deutsche Staat scheint es sich in den letzten Jahren aber zur Aufgabe gemacht zu haben, den Regierten ihr Glück vorzuschreiben; nach dem Motto: Weil der Staat nicht mehr die Probleme zu lösen vermag, für die er zuständig ist, mischt er sich in Dinge ein, die ihn nichts angehen. Der Gipfel dieser Fürsorglichkeit von „Papa Staat" sind die Gesetze über Tabakkonsum: Was legitimiert ein staatlich verordnetes Rauchverbot, wenn rauchende Eigentümer einer Ein-Raum-Kneipe ohne Angestellte mit rauchender Stammkundschaft das Rauchen in „ihren vier Wänden" erlauben wollen? Es bedurfte der Rechtssprechung, um der parteiübergreifenden Zwangsbeglückung Einhalt zu gebieten. Angesichts solcher Auswüchse wären konservative Ansätze dringender denn je. Öffentliche Probleme versuchen Linke mittels des Staates und Liberale mittels des Marktes zu lösen; Konservative vertrauen auf die Bürgergesellschaft.

B) Das Gesellschaftsbild als Chance konservativer Profilierung

Linke definieren soziale Gerechtigkeit tendenziell als arithmetische Gleichheit. Der Satz, Arme werden ärmer und Reiche werden reicher, drückt für einen Linken eine unbedingte Ungerechtigkeit aus. Die Frage, ob diese Entwicklung aufgrund der unterschiedlichen Leistungen gerechtfertigt sein könnte, wird nicht gestellt. Als unsere Sozialsysteme wie Arbeitslosen-, Kranken- und Rentenversicherung mit ausreichend finanziellen Ressourcen hinterlegt waren, begnügte man sich mit der Beantwortung der Frage, wie die Finanzmittel unter den Betroffenen verteilt werden sollen. Diese Zeiten sind vorbei. Die Mittel reichen nicht mehr aus, um alle Ansprüche auf Dauer auch nur annähernd zu befriedigen. Neue Antworten müssen gegeben werden. In welchen Fällen müssen Familienangehörige finanzielle Unterstützung leisten, bevor die nächste Gemeinschaftsebene hilft? Jenseits der Familie beginnt der Verantwortungsbereich der Nachbarschaftshilfe, der Selbsthilfegruppen und karitativen Vereinigungen. Dadurch können Rechtsansprüche gegenüber der Gesamtgesellschaft durch Güte, Hilfsbereitschaft und Dankbarkeit in persönlichen Beziehungen ergänzt werden. In welchem Verhältnis können die Leistungen, die jemand in ein Versicherungssystem einbezahlt hat, zu denen stehen, die er im Versicherungsfall aus dem System erhält? Wann hat jemand nur noch Anspruch auf ein Minimum staatlicher Transferleistungen? Wie hoch können diese ausfallen? In Zeiten knapper Ressourcen muss sich Gerechtigkeit unweigerlich stärker an der Leistungsfähigkeit und kann sich nicht länger an Ansprüchen orientieren.

Der Wohlfahrtsstaat konnte seine Versprechungen der Daseinsvorsorge seit den 1970er Jahren nur noch durch eine ständig wachsende Neuverschuldung einhalten. Man lebte auf Kosten der nachfolgenden Generationen. Bereits Adam Müller definierte den Staat aus konservativer Sicht als *„eine Allianz der vorangegangenen Generation mit der nachfolgenden"* und formulierte den Imperativ: *„Was Ihr wollet, dass Euch (Vorfahren) die Nachkommen tun sollen, das tut Ihr (Nachkommen) Euren Vorfahren"*! Zu lange wurde diese Regel missachtet.

Die mittlere Generation von heute kann selber schon nicht mehr mit jenem Niveau der Absicherung rechnen, das sie gegenwärtig ihren Vorfahren finanziert. Die Konsolidierung der öffentlichen Finanzen mag denen ungerecht erscheinen, die von der Verteilungsgerechtigkeit unter ihren Zeitgenossen ausgehen. Für Konservative ist jede zusätzliche Verschuldung der öffentlichen Hand ein Verstoß gegen die Generationengerechtigkeit.

Der einzelne ist zunächst einmal für sich selbst verantwortlich und kann diese Eigenverantwortung nicht auf die Gesellschaft abschieben. Sofern er einen konservativen Freiheitsbegriff vertritt, will er das auch gar nicht. Mehr Eigenverantwortung ist gefordert, in der Gesundheits- sowie Altersvorsorge und durch lebenslanges Lernen in der Vermeidung von Arbeitslosigkeit; nicht (nur) gezwungenermaßen, weil die Ressourcen knapper geworden sind, sondern weil man frei sein möchte und Freiheit Verantwortungsmöglichkeit bedeutet. Der nächst größere Verantwortungsbereich ist die Familie, was aus konservativer Sicht mehr bedeutet als eine Ansammlung von Individuen, die ein und denselben Kühlschrank benutzen. Kann tatsächlich von Familie gesprochen werden, wenn beide Eltern ganztägig berufstätig sind und das Kind am besten noch vor Erreichen des ersten Lebensjahres fremd betreut wird? Für Linke ist Erziehung in dem repressiven Institut „Familie" ein Skandalon, weshalb diese die Vorschulerziehung erzwingen wollen. Heute befinden sie sich hierbei im Wettlauf mit christdemokratischer Familienpolitik.

F) Das Wirtschaftsdenken als Chance konservativer Profilierung

Nachdem ein originär konservatives Wirtschaftsdenken heute von niemandem mehr ernsthaft vertreten wird, besteht das Hauptproblem heutiger Konservativer in einem Widerspruch zwischen liberaler Wirtschaftspolitik und konservativem Gesellschaftsbild. Unser Wirtschaftssystem fördert Individualisierung und Flexibilisierung und fordert von jedem einzelnen Beweglichkeit und „just in time", was langfristige Bindungen, bürgerschaftliches Engagement und Heimatliebe erschwert. Die Lebenshaltungskosten und die Eigenvorsorge führen dazu, dass immer häufiger beide Elternteile berufstätig sind, wenngleich es der Kindererziehung und dem Familienleben abträglich ist. Egoistisches Nützlichkeits- und Konkurrenzdenken vertragen sich nicht mit den meisten konservativen Wertorientierungen. Eine globalisierte

Wirtschaft nimmt keine Rücksicht auf kulturelle Traditionen, ethnische Besonderheiten und nationale Interessen. Auf Dauer kann der Mensch nicht in der Unbehaustheit des Wirtschaftssubjekts existieren; er sehnt sich nach Geborgenheit von Kultur und Tradition.

„Der Zeitgeist ist konservativ", titelte die Zeitschrift „Cicero" 2006. Sie begründete es u.a. damit, dass erstens patriotische Bücher neuerdings erfolgreich seien wie z.B. „Das beste an Deutschland" oder „Wir Deutschen. Warum uns die anderen gern haben können". Zweitens würden religiöse Bücher zu Bestsellern wie z.B. „Schluss mit lustig", Hape Kerkelings Schilderungen vom Jacobsweg oder „Ketzerische Gedanken zu Deutschland". Drittens wagten Wirtschaftsliberale ihre Position offensiv in Büchern zu vertreten wie z.B. in „Verantwortung jetzt" oder „Deutschland. Abstieg eines Superstars". Der Zeitgeist mag konservativ sein oder nicht, wenngleich die vorgelegte Begründung dieser These fraglich ist. Man mag konservative Ansichten begrüßen oder ablehnen. Wer jedoch ein begründetes Urteil fällen möchte, ob Konservatives positiv oder negativ zu bewerten ist, müsste zunächst wissen, was unter „Konservativismus" zu verstehen ist. Die vorliegende Darstellung ist der Versuch, einen Beitrag hierzu zu leisten.

MIX
Papier aus verantwortungsvollen Quellen
Paper from responsible sources
FSC® C105338

If you have any concerns about our products,
you can contact us on
ProductSafety@springernature.com

In case Publisher is established outside the EU,
the EU authorized representative is:
**Springer Nature Customer Service Center GmbH
Europaplatz 3, 69115 Heidelberg, Germany**

Printed by Libri Plureos GmbH
in Hamburg, Germany